Gibran Khalil Gibran

Gesammelte Gleichnisse und Geschichten

Alle Parabeln, Gleichnisse und Geschichten aus »Der Narr«, »Der Vorbote« und »Der Wanderer«

aionas

Bibliographische Informationen der Deutschen Nationalbibliothek: Die Deutsche Nationalbibliothek verzeichnet diese Publikation in der Deutschen Nationalbibliographie; detaillierte bibliographische Daten sind im Internet unter http://dnb.dnb.de abrufbar.

Gibran Khalil Gibran
GESAMMELTE
GLEICHNISSE UND
GESCHICHTEN
Übersetzung: Alexander Varell

aionas Verlag, Marstallstraße 1, Weimar
1. Auflage, 2018
Herstellung: BoD – Books on Demand, Norderstedt
ISBN: 9783965450035

Gibran Khalil Gibran

Der Narr

Seine Parabeln und Gedichte

ins Deutsche übertragen von

Alexander Varell

WIE ICH ZUM NARREN WURDE

Du fragst mich, wie ich ein Narr wurde? Es geschah so: Eines Tages, lange bevor viele der Götter geboren waren, wachte ich aus einem tiefen Schlaf auf und stellte fest, dass man mir alle meine Masken gestohlen hatte. Sieben Masken waren es, die ich in sieben Leben erschaffen und getragen hatte. Und so rannte ich ohne Maske durch die überfüllten Straßen und rief: »Diebe! Diebe! Diebe! Die verfluchten Diebe!«

Männer und Frauen lachten mich aus, und einige flohen aus Angst vor mir in ihre Häuser.

Als ich den Markt erreichte, rief ein junger Mann von einem Dach: »Seht nur, ein Wahnsinniger!« Ich blickte zu ihm auf, da küsste die Sonne zum ersten Mal mein eigenes nacktes Gesicht. Zum ersten Mal küsste die Sonne mein eigenes nacktes Gesicht und meine Seele entflammte in Liebe zu ihr. Meine Masken wollte ich fortan nicht mehr tragen. Wie im Rausch rief ich: »Gesegnet, gesegnet sind die Diebe, die mir meine Masken stahlen!«

So wurde ich zum Narren.

Ich fand Freiheit und Geborgenheit in meinem Wahn. Es war die Freiheit des Alleinseins und das Geboregensein vor dem Verstandenwerden, weil die, die uns verstehen, etwas in uns versklaven.

Doch lasst mich nicht zu stolz auf meine Geborgenheit sein. Selbst ein Dieb in einem Gefängnis ist sicher vor einem andren Dieb.

GOTT

In meinen alten Tagen, als mir die ersten Reden noch stockend über meine Lippen kamen, stieg ich auf den heiligen Berg und sprach zu Gott: »Meister, ich bin dein Sklave. Dein verborgener Wille ist mein Gesetz, und ich werde mich dir ewig fügen.«

Gott aber antwortete nicht und entfernte sich wie ein mächtiger Sturm.

Tausend Jahre später bestieg ich abermals den heiligen Berg und sprach wieder zu Gott: »Schöpfer, ich bin deine Schöpfung. Aus Ton hast du mich erschaffen. Dir verdanke ich alles.«

Gott aber antwortete nicht und flog wie tausend flinke Flügel davon.

Nach tausend weiteren Jahren bestieg ich wieder den heiligen Berg und sprach wieder zu Gott: »Vater, ich bin dein Sohn. Voller Erbarmen und Liebe hast du mich zur Welt gebracht, und mit Liebe und Anbetung werde ich dein Königreich empfangen.«

Doch wieder gab Gott keine Antwort und zog fort wie der Nebel, der die fernen Berge bedeckt.

Nach weiteren tausend Jahren bestieg ich wieder den heiligen Berg, sprach zu Gott und sagte: »Mein Gott, mein Ziel und meine Erfüllung! Ich bin dein Gestern und du bist mein Morgen. Ich bin deine Wurzel in der Erde und du bist meine Blüte am Himmel. Gemeinsam wachsen wir vor dem Antlitz der Sonne.«

Da beugte sich Gott zu mir und säuselte mir zärtliche Worte ins Ohr. Wie das Meer, das einen Bach umarmt, der in es mündet, so umarmte er auch mich. Als ich hinabstieg zu den Tälern und Ebenen, fand ich Gott auch dort.

MEIN FREUND

MEIN FREUND, ICH BIN NICHT DAS, was ich zu sein scheine. Nichts als ein Kleid ist es, das ich trage – ein mit Sorgfalt gewebtes Kleid, das mich vor deinen Fragen schützt und dich vor meiner Rücksichtslosigkeit.

Das ›Ich‹ in mir, mein Freund, wohnt im Haus der Stille, und darin wird es stets auch bleiben, unerkannt und unzugänglich.

Ich möchte nicht, dass du glaubst, was ich sage, noch dem vertraust, was ich tue. Denn meine Worte sind nichts anderes als der Widerhall deiner eigenen Gedanken und meine Taten deine vollbrachten Hoffnungen.

Wenn du sprichst: »Der Wind weht nach Osten«, sage ich: »Ja, er weht nach Osten«; denn ich will nicht, dass du weißt, dass mein Geist nicht auf dem Wind lebt, sondern auf dem Meer. Du kannst weder meine seefahrenden Gedanken verstehen, noch werde ich sie dich verstehen lassen. Denn ich will allein sein auf dem Meer.

Ist für dich Tag, mein Freund, ist es Nacht bei mir, auch wenn ich schon vom Mittag rede, der auf den Bergen tanzt, und von dem purpurnen Schatten, der sich sich durch das Tal stiehlt. Denn du kannst die Lieder meiner Finsternis nicht hören, noch meine Flügel sehen, die an die Sterne schlagen. Und ich will dich's nicht hören und nicht sehen lassen. Ich will allein sein mit der Nacht.

Wenn du in deinen Himmel aufsteigst, steige ich in meine Hölle ab. Selbst dann rufst du mich über den unüberbrückbaren Abgrund an: »Mein Gefährte, mein Kamerad«, und ich rufe zu dir zurück: »Mein Kamerad, mein Gefährte«. Denn ich will nicht, dass du meine Hölle siehst. Die Flamme würde dir das Augenlicht blenden und der Rauch deine Nase verätzen. Und ich liebe meine Hölle zu sehr, um dich sie besuchen zu lassen. Ich will allein sein in der Hölle.

Du liebst Wahrheit und Schönheit und Gerechtigkeit. Ich sage deinetwegen, dass dies gut sei und mach dir vor, diese Dinge gut zu heißen. Doch in meinem Herzen lach' ich über deine Liebe. Doch will ich nicht, dass du mein Lachen siehst. Ich will alleine lachen.

Mein Freund, du bist gut und achtsam und weise. Nein, du bist vollkommen. Und auch ich rede weise und bedacht zu dir. Und doch bin ich verrückt. Aber ich verhülle meinen Wahn. Ich will allein verrückt sein.

Mein Freund, du bist nicht mein Freund, doch wie soll ich es dir verständlich machen? Mein Weg ist nicht dein Weg, aber wir gehen zusammen, Hand in Hand.

DIE VOGELSCHEUCHE

Einst sagte ich zu einer Vogelscheuche: »Es muss dir doch über sein, auf diesem einsamen Feld zu stehen.«

Sie sagte: »Die Freude am Erschrecken ist tief und unvergänglich. Ich werde ihr nie überdrüssig.«

Ich grübelte eine Minute lang nach und sagte: »Es ist wahr. Auch ich kenne diese Freude.«

Sie sagte: »Nur wer voller Stroh ist, kann sie kennen.«

Da ging ich davon und wusste nicht, ob sie mich gelobt oder herabgewürdigt hatte.

Es verging ein Jahr, in dem wurde aus der Vogelscheuche ein Philosoph. Als ich wieder bei ihr vorüberkam, entdeckte ich zwei Krähen, die unter ihrem Hut ein Nest gebaut hatten.

DIE SCHLAFWANDLERINNEN

In der Stadt, in der ich geboren wurde, lebten eine Frau und ihre Tochter, die beide schlafwandelten.

Eines Nachts, während Stille die Welt umgab, trafen sich beide schlafwandelnd in ihrem nebelverhangenen Garten.

Die Mutter sprach: »Endlich, endlich, meine Feindin! Du hast mir meine Jugend geraubt. Dein Leben hast du auf den Ruinen meines Lebens begründet! Wie gern nur würd' ich dich töten!«

Die Tochter aber sprach: »O, verhasst Frau, egoistische Alte! Du drängst dich zwischen mein freieres Selbst und mich! Du willst, dass mein Leben nur ein Echo deines eigenen verblassten Daseins ist! Ach, wärst du nur schon tot!«

In diesem Moment krähte ein Hahn und beide Frauen erwachten.

Die Mutter sagte voller Sanftmut: »Bist du das, mein Liebling?«

Und die Tochter antwortete ebenso sanft: »Ja, mein Liebes!«

DER WEISE HUND

Eines Tages kam ein weiser Hund an einer Versammlung von Katzen vorbei. Während er sich näherte, entdeckte er, wie entschlossen sie ihn missachteten, und so blieb er stehen.

Da erhob sich inmitten der Katzenversammlung eine große, graue Katze, wandte sich an die anderen und sagte: »Meine Blutsbrüder, betet! Wenn ihr ohne Unterlass betet, wird es ganz ohne Zweifel Mäuse regnen.«

Als der Hund dies vernahm, lachte er sich ins Fäustchen, wandte sich von ihnen ab und sagte: »O blinde und törichte Katzen, steht es nicht geschrieben und haben es nicht schon meine Ahnen erkannt, dass das, was fürs Beten und Glauben und Flehen regnet, nicht Mäuse sind, sondern Knochen!«

DIE BEIDEN EINSIEDLER

Auf einem einsamen Berg lebten zwei Einsiedler, die Gott verehrten und sich einander liebten. Sie hatte nur eine Schale aus Ton, das war ihr einziger Besitz.

Eines Tages trat ein böser Geist in das Herz des älteren Eremiten. Er ging zu dem jüngeren und sagte: »Wir leben schon seit vielen Jahren zusammen. Es ist an der Zeit, dass wir unserer Wege gehen. Lass uns unseren Besitz teilen.«

Der jüngere Einsiedler wurde sehr traurig und sagte: »Es betrübt mich, Bruder, dass du mich verlassen willst. Aber wenn du gehen musst, dann soll es so sein.«

Er holte die Tonschale und gab sie ihm mit den Worten: »Wir können sie nicht teilen, Bruder, sie soll dir gehören.«

Der ältere Einsiedler aber sagte: »Ich will keine Almosen. Ich fordere nur meinen Anteil. Lass uns teilen.«

Der Jüngere erwiderte: »Wenn die Schale zerbrochen ist, was nützt sie dir oder mir dann noch? Wenn es dir mehr beliebt, dann lass uns losen!«

Doch der ältere Einsiedler sagte: »Ich fordere Gerechtigkeit und mein Eigentum. Ich will die Gerechtigkeit und mein Eigentum nicht dem Los überlassen. Die Schale muss geteilt werden.«

Da fiel dem jüngere Einsiedler kein anderes Argument mehr ein und er sagte: »Wenn es wirklich dein

Wille ist, und wenn du es nicht anders willst, dann lass uns jetzt die Schale zerbrechen.«

Da verfinsterte sich die Miene des älteren Einsiedlers und er rief: »O du verfluchter Feigling! Warum kämpfst du nicht!«

VOM GEBEN UND NEHMEN

Es war einmal ein Mann, der eine Menge Nadeln besaß.

Eines Tages kam die Mutter Jesu zu ihm und sagte: »Mein Freund, das Gewand meines Sohnes ist zerrissen und ich will es flicken, bevor er zum Tempel aufbricht. Willst du mir nicht eine Nadel geben?«

Doch er gab ihr keine Nadel, er gab ihr nur gelehrte Ratschläge über das Geben und das Nehmen, die sie ihrem Sohn überbringen sollte, bevor er in den Tempel geht.

DIE SIEBEN SELBST

In stiller Nachtstunde, als ich halb eingeschlafen war, saßen meine sieben Selbst beieinander und flüsterten.

Erstes Selbst: »Nun habe ich all die Jahre in diesem Narren verbracht und nichts anderes getan, als seinen Schmerz bei Tag zu verlängern und bei Nacht neu aufleben zu lassen. Mein Schicksal ist mir unerträglich, und nun begehre ich dagegen auf.«

Zweites Selbst: »Dir ergeht es doch besser als mir, Bruder, denn mir ist es zuteil, das fröhliche Selbst dieses Narren zu sein. Ich lache sein Lachen und besinge seine glücklichen Stunden und mit dreimal geflügelten Füßen tanze ich seine hellen Gedanken. Ich bin es, der gegen mein trostloses Dasein aufbegehren sollte.«

Drittes Selbst: »Und was ist mit mir, dem liebestollen Selbst, dem lodernden Brandmal wilder Leidenschaft und fantastischer Wünsche? Ich bin es, das liebestolle Selbst, das gegen diesen Narren rebellieren sollte.«

Viertes Selbst: »Von euch allen bin ich das Armseligste, denn mir wurde nichts gegeben als der abscheuliche Hass und der zerstörerische Ekel. Ich, das aufbrausende Selbst, das in den schwarzen Höhlen der Hölle gebar, sollte dagegen aufbegehren, diesem Narren zu dienen.«

Fünftes Selbst: »Nein, ich bin es, das denkende Selbst, das schöpferische Selbst, das Selbst des Hungers und Durstes, das dazu verdammt ist, ohne Unterlass auf der Suche nach dem Unbekannten und dem noch nicht Geschaffenen umherzuwandern. Ich bin es, nicht ihr, das rebellieren sollte.«

Sechstes Selbst: »Und ich, das arbeitende Selbst, der bedauernswerte Handlanger, der mit geduldigen Händen und sehnsüchtigen Augen die Tage in Bilder verwandelt und den formlosen Elementen neue und ewige Formen gibt, ich bin es, das Einsame, das sich gegen diesen rastlosen Narren auflehnen sollte.«

Siebtes Selbst: »Wie seltsam, dass ihr alle gegen diesen Mann rebelliert, denn jedes von euch hat ein vorherbestimmtes Los zu erfüllen. Ach! Könnte ich doch wie eines von euch sein, ein Selbst mit einem bestimmten Schicksal! Doch habe ich keines. Ich habe keine Bestimmung. Ich sitze im stummen Nichts, zeit- und raumlos, während ihr geschäftig neues Leben zeugt. Seid ihr es oder ich, meine Nachbarn, das aufbegehren sollte?«

Als das siebte Selbst gesprochen hatte, betrachteten es die anderen sechs voller Mitleid, blieben aber stumm. Die Nacht wurde tiefer und eines nach dem anderen schlief ein, eingehüllt in neuer, unbeschwerter Unterwerfung.

Doch das siebte Selbst blieb wach und starrte in das Nichts, das hinter allen Dingen ist.

KRIEG

Eines Nachts, bei einem Fest im Palast, erschien ein Mann und warf sich dem Fürsten vor die Füße. Alle Gäste schauten hin und sahen, dass eines seiner Augen fehlte und Blut aus der leeren Augenhöhle rann.

Der Fürst fragte ihn: »Was ist dir geschehen?«

Und der Mann antwortete: »Mein Fürst, ich bin Dieb von Beruf. Heute Abend, weil es keinen Mond gab, ging ich zur Stube des Geldwechslers, doch stieg ich durch das falsche Fenster ein und betrat anstatt die Weberei. Im Dunkeln lief ich in den Webstuhl und riss mir mein Auge aus. Nun, mein Fürst, fordere ich Gerechtigkeit gegen den Weber.«

Da schickte der Fürst nach dem Weber und ordnete an, man möge ihm eines seiner Augen ausreißen.

»Mein Fürst«, sagte der Weber, »dein Urteil ist gerecht. Es ist recht und billig, dass mir eines meiner Augen genommen wird. Doch leider bedarf ich beider, damit ich beide Seiten des Gewebes sehen kann, das ich webe. Ich habe aber einen Nachbarn, einen Schuster, der auch zwei Augen besitzt, und er braucht in seinem Gewerbe nur eines.«

Da ließ der Fürst den Schuster holen und sie stachen ihm ein Auge aus. Und der Gerechtigkeit war genüge getan.

DER FUCHS

Ein Fuchs betrachtete bei Sonnenaufgang seinen Schatten und sagte: »Ich werde heute Mittag ein Kamel zum Mittagessen verspeisen.« So machte er sich den ganzen Morgen auf die Suche nach Kamelen. Am Mittag aber sah er erneut auf seinen Schatten nieder und sagte: »Eine Maus tut es auch.«

DER WEISE KÖNIG

EINST HERRSCHTE IN DER FERNEN STADT Wirani ein König, der sowohl mächtig als auch weise war. Man fürchtete seine Macht und liebte seine Weisheit.

Im Herzen dieser Stadt befand sich ein Brunnen, dessen Wasser war kristallklar und kühl, und alle Bewohner tranken aus ihm, sogar der König und sein Gefolge, denn einen anderen Brunnen gab es nicht.

Eines Nachts, als alle schliefen, erschien eine Hexe und goss sieben Tropfen einer seltsamer Flüssigkeit in den Brunnen und sagte: »Von nun an werden alle, die von diesem Brunnen trinken, verrückt.«

Am nächsten Morgen tranken alle Bewohner aus dem Brunnen und wurden verrückt, wie die Hexe es vorherbestimmt hatte, nur der König und sein Kammerherr tranken nicht.

Da raunten sich die Menschen in den engen Gassen und auf den Marktplätzen zu: »Der König ist verrückt. Unser König und sein Kammerherr haben den Verstand verloren. Ein verrückter König darf uns nicht gebieten. Wir müssen ihn von seinem Throne stürzen.«

An diesem Abend befahl der König, man solle einen goldenen Kelch mit dem Wasser aus dem Brunnen befüllen. Er wurde ihm gebracht und er trank in tiefen Zügen und gab auch seinem Kammerherrn zu trinken.

Da herrschte in der fernen Stadt Wirani wieder große Freude, denn ihr König und sein Kammerherr hatten ihren Verstand wiedergefunden.

ANSPRÜCHE

Einst sassen drei Männer an einem Taverne-Tisch beisammen. Der eine war Weber, der andere Schreiner und der dritte Totengräber.

Der Weber sagte: »Heute habe ich ein feines Leichentuch aus Leinen für zwei Goldstücke verkauft. Lasst uns so viel Wein trinken, wie wir nur hineinbekommen.«

»Und ich«, sagte der Zimmermann, »ich habe meinen besten Sarg verkauft. Lasst uns einen saftigen Braten zu dem Wein verspeisen.«

»Ich grub nur ein Grab«, sagte der Totengräber, »doch mein Gönner zahlte mir das Doppelte. Lasst uns auch Honigkuchen dazu naschen.«

Den ganzen Abend über hatte man in der Taverne zu tun, denn sie riefen ständig nach Wein und Fleisch und Kuchen. Und sie waren fröhlich.

Der Wirt rieb sich die Hände und lächelte seiner Frau zu, denn seine Gäste waren freigebig.

Als sie die Taverne verließen stand der Mond schon hoch am Himmel, und sie gingen die Straße entlang und sangen und johlten.

Der Wirt und seine Frau standen in der Tür ihrer Taverne und sahen ihnen nach.

»Ah!«, sagte die Frau. »Diese Herren! So freigebig und fröhlich! Könnten sie uns doch nur jeden Tag solches Glück bescheren! Dann müsste unser Sohn kein Wirt werden und hart schuften. Wir könnten ihn unterrichten lassen, damit er Priester werde.«

DAS NEUE VERGNÜGEN

Gestern Abend erfand ich ein neues Vergnügen, und als ich es zum ersten Mal ausprobierte, kam ein Engel und ein Teufel auf mein Haus zu. Sie trafen sich vor meiner Tür und stritten miteinander um mein neu geschaffenes Vergnügen. Der eine rief: »Es ist eine Sünde!«, und der andere: »Es ist eine Tugend!«

DIE ANDERE SPRACHE

Drei Tage nach meiner Geburt, ich lag in meiner seidenen Wiege und blickte mich mit staunendem Entsetzen in der neuen Welt um mich her um, sprach meine Mutter mit der Amme: »Wie geht es meinem Sohn?«

Die Amme antwortete: »Ihm geht es prächtig, meine Dame, ich habe ihn drei Mal gefüttert. Nie zuvor sah ich ein so junges und fröhliches Baby.«

Da war ich empört und schrie: »Das ist gelogen, Mutter! Mein Bett ist hart und die Milch, die ich gesaugt habe, schmeckt bitter, und die Brust, an der ich liege, riecht fürchterlich. Ich bin sehr unglücklich!«

Doch meine Mutter verstand es nicht, genauso wenig wie die Amme. Die Sprache, mit der ich sprach, war die der Welt, aus der ich kam.

Am einundzwanzigsten Tage meines Lebens wurde ich getauft. Der Priester sagte meiner Mutter: »Sie können sich glücklich schätzen, meine Dame, dass Ihr Sohn als Christ auf die Welt kam.«

Das überraschte mich und ich sagte zum Priester: »Dann muss deine Mutter im Himmel unglücklich sein, denn du bist nicht als Christ auf die Welt gekommen.«

Doch auch der Priester verstand meine Sprache nicht.

Eines Tages, nach sieben Monden, sah mich ein Wahrsager an und sagte zu meiner Mutter: »Dein

Sohn wird ein Staatsmann und ein großer Führer der Menschen werden.«

Ich aber rief: »Das ist eine falsche Prophezeiung! Denn ich werde ein Musiker werden, nichts anderes als ein Musiker werde ich sein.«

Doch selbst in diesem Alter verstand man meine Sprache nicht, was mich sehr bedrückte.

Nach dreiunddreißig Jahren, meine Mutter, die Amme und der Priester waren alle gestorben, lebte nur noch der Wahrsager. Gestern traf ich ihn in der Nähe des Tempeltores. Während wir uns unterhielten, sagte er: »Ich wusste immer, dass du ein großer Musiker werden würdest. Schon in deiner Kindheit habe ich deine Zukunft prophezeit und es vorausgesagt.«

Und ich glaubte ihm. Denn nun hatte auch ich die Sprache dieser anderen Welt vergessen.

DER GRANATAPFEL

Als ich einmal im Herzen eines Granatapfels lebte, hörte ich einen Samenkern sagen: »Eines Tages werde ich ein Baum werden. Der Wind wird in meinen Zweigen singen und die Sonne auf meinen Blättern tanzen. Zu jeder Jahreszeit werde stark und schön sein.«

Da sprach ein anderer Samen: »Als ich noch so jung war wie du, hatte auch ich solche Träume. Doch jetzt weiß ich mehr. Jetzt sehe ich, dass meine Hoffnungen eitel waren.«

Da sagte ein dritter Kern: »Ich sehe nicht, dass uns eine große Zukunft bevorsteht.«

Und ein vierter sagte: »Es wäre Spott auf unser Leben, keine größere Zukunft zu haben!«

Ein fünfter sagte: »Warum streiten wir, was wir sein werden. Wir wissen nicht einmal, was wir sind.«

Ein sechster antwortete gleich: »Was immer wir sind, das werden wir auch weiterhin bleiben.«

Und ein siebter sagte: »Ich habe eine glasklare Vorstellung davon, wie alles sein wird, aber ich kann sie nicht in Worte kleiden.«

Da sprach ein achter und ein neunter und ein zehnter und dann viele andere, bis sie schließlich alle durcheinander riefen und ich die vielen Stimmen nicht mehr auseinanderhalten konnte.

So zog ich noch an diesem Tage in das Herz einer Quitte, in dem es nur wenige Kerne gibt und die sehr schweigsam sind.

DIE BEIDEN KÄFIGE

IM GARTEN MEINES VATERS GIBT ES ZWEI KÄFIGE. In einem ist ein Löwe, den die Sklaven meines Vaters aus der Wüste Ninive mitgebracht hatten, in dem anderen sitzt ein Spatz, der nicht mehr singt.

Jeden Tag, im Morgengrauen, ruft der Spatz dem Löwen zu: »Guten Morgen, Bruder Gefangener.«

DIE DREI AMEISEN

DREI AMEISEN TRAFEN SICH AUF DER NASE eines Mannes, der in der Sonne schlief. Und nachdem sie sich gegenseitig begrüßt hatten, jede nach Brauch ihres Stammes, standen sie da und unterhielten sich.

Die erste Ameise sagte: »Diese Berge und Ebenen sind die unfruchtbarsten, die mir je zu Gesicht kamen. Den ganzen Tag lang suchte ich nach einem Korn, doch fand ich keines.«

Die zweite Ameise sagte: »Auch ich fand nichts, obwohl ich jeden Schlupfwinkel und jede Lichtung abgesucht habe. Das ist, glaube ich, das, was mein Volk das weiche, bewegliche Land nennt, in dem nichts gedeiht.«

Da hob die dritte Ameise den Kopf und sagte: »Meine Freunde, wir stehen gerade auf der Nase der obersten Ameise, der mächtigen und unendlichen Ameise. Ihr Körper ist so groß, dass wir sie nicht sehen können. Ihr Schatten ist so gewaltig, dass wir ihn nicht verfolgen können. Ihre Stimme ist so laut, dass wir sie nicht hören können. Und *Sie* ist allgegenwärtig.«

Nachdem die dritte Ameise gesprochen hatte, sahen sich die beiden anderen Ameisen an und lachten.

In diesem Moment bewegte sich der Mann, hob schlaftrunken die Hand und kratzte sich an der Nase, wobei er die drei Ameisen zerquetschte.

DER TOTENGRÄBER

Als ich einst eine meiner toten Inkarnationen begrub, kam der Totengräber und sagte mir: »Von all denen, die hierher zum Begräbnis kommen, mag ich nur dich.«

Ich sagte: »Das ehrt mich außerordentlich, doch warum magst du mich?«

»Die anderen«, sagte er, »sie kommen weinend und gehen weinend. Du aber kommst lachend und gehst auch lachend wieder fort.«

AUF DEN STUFEN DES TEMPELS

Gestern am Abend sah ich auf den Marmorstufen des Tempels eine Frau zwischen zwei Männern sitzen. Eine Seite ihres Gesichts war blass, die andere errötet.

DIE GEPRIESENE STADT

In meiner Jugend erzählte man mir die Geschichte einer Stadt, in der jeder nach den Gesetzen der Schrift lebte.

Ich sprach: »Ich will mich auf die Suche nach dieser Stadt und ihre Glückseligkeit begeben.«

Es war ein weiter Weg bis dahin. So traf ich große Vorbereitungen für meine Reise. Nach vierzig Tagen erreichte ich sie und am einundvierzigsten Tage trat ich in sie ein.

Und siehe, alle Bewohner hatte nur ein einziges Auge und nur eine Hand. Das erstaunte mich und ich dachte mir: »Sollten die Menschen dieser seligen Stadt wirklich nur einäugig und einhändig sein?«

Da entdeckte ich, dass auch sie erstaunt waren. Sie staunten über meine beiden Hände und meine beiden Augen. Während wir uns unterhielten, erkundigte ich mich bei ihnen und fragte: »Ist das wirklich die selige Stadt, in der jeder Mensch nach der Schrift lebt?«

Und sie sagten: »Ja, das ist diese Stadt.«

»Was ist denn geschehen«, fragte ich, »und wo sind eure rechten Augen und eure rechten Hände?«

Da waren alle gerührt und sie sprachen: »Komm und siehe selbst.«

Sie brachten mich zum Tempel im Zentrum der Stadt. Und dort sah ich einen Berg voller verdorrter Hände und Augen. Da sprach ich: »Ach, welcher Eroberer hat euch diese Grausamkeit angetan?«

Da begehrte ein Raunen aus der Masse auf. Einer ihrer Ältesten trat vor und sprach: »Das haben wir selbst getan. Gott hat uns zu Gebietern über das Böse gemacht, das in uns steckte.«

Er führte mich zu einem Altar. Die anderen folgten uns. Er deutete über dem Altar auf eine Inschrift, und ich las:

»Wenn dein rechtes Auge sich versündigt, reiße es aus und wirf es von dir; denn es ist besser für dich, dass eines deiner Glieder zugrunde geht, als dass dein ganzer Körper in der Hölle schmachten muss. Und wenn deine rechte Hand sich versündigt, schlage sie ab und wirf sie von dir; denn es ist besser für dich, dass eines deiner Glieder zugrunde geht, als dass dein ganzer Leib in die Hölle geworfen wird.«

Da verstand ich. Ich wandte mich den Menschen der Stadt zu und rief: »Hat kein Mann oder keine Frau unter euch zwei Augen oder zwei Hände?«

Und sie antworteten: »Nein, kein einziger. Es gibt nicht einen, außer die, die noch zu jung sind, um die Schrift zu lesen und ihr Gebot zu verstehen.«

Nachdem wir den Tempel verlassen hatten, floh ich auf direktem Wege aus dieser seligen Stadt, denn ich war nicht mehr zu jung und ich konnte die Schrift lesen.

DER GUTE GOTT UND DER BÖSE GOTT

Der gute Gott und der böse Gott trafen sich auf einem Berggipfel. Der liebe Gott sagte: »Guten Tag, Bruder.«

Der böse Gott aber antwortete nicht.

Der liebe Gott sagte: »Du bist heute in schlechter Stimmung?«

»Ja«, erwiderte der böse Gott, »in letzter Zeit hat man mich oft mit dir verwechselt, mich bei deinem Namen gerufen und mich so behandelt, als wäre ich du, und das gefällt mir gar nicht.«

Der liebe Gott sagte: »Auch mich hat man mit dir verwechselt und mich mit deinem Namen angerufen.«

Da ging der böse Gott davon und fluchte über die Dummheit der Menschen.

»BEZWUNGEN«

Bezwinger, mein Bezwinger, meine Einkehr und
Unnahbarkeit;
Du bist mir lieber als tausend Siege,
Und meinem Herzen süßer als aller Ruhm der
Welt.

Bezwinger, mein Bezwinger, meine
Selbsterkenntnis und mein Eigensinn;
Dank dir weiß ich, dass ich noch jung und
schnellen Fußes bin
Und mich nicht verfangen soll in welkem
Lorbeer.
In dir fand ich die Einsamkeit
Und Wonne, wenn man mich auch meidet und
verschmäht.

Bezwinger, mein Bezwinger, mein leuchtend
Schwert und Schild;
In deinen Augen las ich es,
Dass Thronen auch Versklaven
Und Begreifen Verallgemeinern heißt,
Und Ergriffensein heißt nur, eines andern Fülle
zu erreichen,
Die, wie eine reife Frucht fällt und verschlungen
wird.

Bezwinger, mein Bezwinger, mein mutiger
Begleiter;
Höre meine Lieder, meine Schreie und mein
Schweigen,
Niemand außer dir soll mir übers Flügelschlagen
reden,
Und über das Toben der Meere,
Und von Bergen, die in der Nacht entflammen,
Du allein sollst meine steile und felsige Seele
erklimmen.

Bezwinger, mein Bezwinger, meine unsterbliche
Tapferkeit;
Du und ich, wir werden lachen mit dem Sturm
Und werden Gräber graben für alles, was in uns
starb,
Und mit vereintem Willen in der Sonne stehen
Und gefährlich sein.

DIE NACHT UND DER NARR

»Ich bin wie du, o Nacht, dunkel und nackt. Ich gehe auf dem flammenden Pfad, auf dem meine Tagträume wandeln, und wo mein Fuß die Erde berührt, wächst eine gewaltige Eiche empor.«

»Nein, du bist nicht wie ich, o Narr, denn du schaust immer noch zurück, weil du sehen willst, wie groß die Fährte ist, die du im Sand hinterlassen hast.«

»Ich bin wie du, o Nacht, still und tief. Im Herzen meiner Einsamkeit liegt eine Göttin in den Wehen, und in dem, den sie gebiert, berühren sich der Himmel und die Hölle.«

»Nein, du bist nicht wie ich, o Narr, denn du zitterst noch vor Schmerz, und das Lied des Abgrunds macht dir bange.«

»Ich bin wie du, o Nacht, wild und schrecklich. Denn meine Ohren sind voller Schreie eroberter Nationen und Seufzer verlorener Länder.«

»Nein, du bist nicht wie ich, o Narr, denn du hältst dein kleines Selbst immer noch für einen Gefährten, und mit deinem größerem Selbst wirst du nicht Freund.«

»Ich bin wie du, o Nacht, grausam und furchterregend. Meine Brust wird von brennenden Schiffen auf See erhellt und an meinen Lippen klebt das Blut getöteter Krieger.«

»Nein, du bist nicht wie ich, o Narr, denn du hegst noch den Wunsch nach einem Schwester-

geist, und du bist immer noch nicht dein eigener Gebieter.«

»Ich bin wie du, o Nacht, froh und heiter. Wer in meinem Schatten lebt, ist trunken von unberührtem Wein, und wer mir folgt, sündigt heiter.«

»Nein, du bist nicht wie ich, o Narr. Deine Seele hast du in den Falten von sieben Schleier versteckt und dein Herz hältst du nicht in deiner Hand.«

»Ich bin wie du, o Nacht, geduldig und leidenschaftlich. In meiner Brust sind tausend tote Liebhaber in Leichentüchern aus verwelkten Küssen begraben.«

»Nun, Narr, bist du wie ich? Bist du wirklich wie ich? Kannst du den Sturm wie ein Ross reiten und den Blitz wie ein Schwert ergreifen?«

»Ich bin wie du, o Nacht, mächtig und hoch, und mein Thron ist auf einem Haufen gefallener Götter errichtet. Die Tage ziehen auch an mir vorüber, um den Saum meines Gewandes zu küssen, doch nie, um mein Antlitz zu erblicken.«

»Bist du wie ich, Kind meines finstersten Herzens? Und denkst du, dass du meine ungezähmten Gedanken und meine mächtige Sprache sprichst?«

»Ja, wir sind Zwillingsbrüder, o Nacht. Denn du offenbarst den Weltenraum und ich offenbare meine Seele.«

GESICHTER

Ich sah einmal ein Gesicht mit tausend Gesichtsausdrücken und auch ein Gesicht, das nur einen einzigen Ausdruck hatte, als wäre es gegossen worden.

Ich sah einmal ein Gesicht, unter dessen Glanz seine Hässlichkeit hindurchschimmerte, und ein Gesicht, dessen Schimmer ich anheben musste, um seine Schönheit zu entdecken.

Ich sah ein altes Gesicht, dessen Falten ohne Geschichte sind, und auch ein glattes Gesicht, in dem alles eingemeißelt war.

Ich erkenne Gesichter, weil ich durch das Gewebe schaue, das mein eigenes Auge mir webt, und sehe die Wirklichkeit dahinter.

DAS GRÖSSERE MEER

Meine Seele und ich gingen zum großen Meer hinunter, um darin zu baden. Als wir das Ufer erreichten, machten wir uns auf die Suche nach einem versteckten und einsamen Winkel. Da sahen wir einen Mann, der auf einem grauen Felsen hockte, eine Prise Salz aus einem Beutel nahm und sie ins Meer streute.

»Das ist ein Pessimist«, sagte meine Seele. »Lass uns diesen Ort verlassen. Hier können wir nicht baden.«

So gingen wir weiter, bis wir eine Bucht erreichten. Dort sahen wir einen Mann, der auf einem Felsen stand und eine mit Juwelen besetzte Schachtel in der Hand hielt. Er nahm Zucker daraus hervor und streute ihn ins Meer.

»Das ist ein Optimist«, sagte meine Seele. »Auch er darf unsere nackten Körper nicht erblicken.«

Also gingen wir weiter. An einem Strand sahen wir einen Mann, der tote Fische aufhob und sie zärtlich wieder ins Wasser legte.

»Auch vor seinen Augen können wir nicht baden«, sagte meine Seele. »Er ist ein humaner Philanthrop.«

Und wir gingen weiter.

So kamen wir zu einem Mann, der seine Spuren im Sand verfolgte. Große Wellen kamen und löschten sie aus. Er aber fuhr fort, sie stets von Neuem zu verfolgen.

»Das ist der Mystiker«, sagte meine Seele. »Lassen wir ihn allein.«

Wir gingen also weiter und begegneten in einer ruhigen Bucht einem Mann, der den Schaum des Meeres abschöpfte und in eine Schale aus Alabaster tat.

»Das ist der Idealist«, sagte meine Seele. »Er darf uns nicht nackt sehen.«

So gingen wir weiter. Plötzlich hörten wir eine Stimme rufen: »Das ist das Meer, das tiefe Meer. Das ist das weite und mächtige Meer.«

Als wir die Stimme erreichten, sahen wir einen Mann, der dem Meer den Rücken zugewandt hatte. An sein Ohr hielt er eine Muschel und hörte das Rauschen darin.

Und meine Seele sprach: »Lass uns weitergehen. Das ist der Realist, der dem Ganzen, das er nicht begreifen kann, den Rücken kehrt und sich anstatt mit einem Bruchstück auseinandersetzt.«

Also ließen wir ihn stehen.

An einer kümmerlichen Stelle zwischen den Felsen war ein Mann, der den Kopf im Sand vergraben hatte. Und ich sagte zu meiner Seele: »Wir können hier baden, denn er kann uns nicht sehen.«

»Nein«, sagte meine Seele. »Das ist die tödlichste Stelle von allen. Er ist ein Sittenstrenge.«

Da legte sich große Trauer auf das Gesicht meiner Seele und auf ihre Stimme.

»Lass uns von hier fortgehen«, sagte sie. »Es gibt keine einsame und versteckte Stelle, an der wir baden könnten. Dieser Wind soll nicht durch mein goldenes Haar wehen, meine weiße Brust will ich nicht in dieser Nachbarschaft entblößen, und dieses Licht soll nicht meine verletzliche Nacktheit offenbaren.«

Da verließen wir dieses Meer und begaben uns auf die Suche nach dem Größeren Meer.

GEKREUZIGT

Ich rief zu den Männern: »Kreuzigt mich!«

Sie aber antwortete: »Warum sollte dein Blut über unsere Häupter kommen?«

Und ich antwortete: »Wie sonst wollt ihr erhöht werden, wenn ihr nicht die Narren kreuzigt?«

Das überzeugte sie und ich wurde gekreuzigt. Die Kreuzigung brachte mir Frieden.

Nachdem sie mich zwischen Erde und Himmel aufgehängt hatten, erhoben sie ihre Häupter und sahen nach mir. Da wurden sie erhöht, denn noch nie zuvor waren ihre Häupter so erhoben.

Während sie mich weiter betrachteten, rief einer von ihnen: »Für was büßt du?«

Und ein anderer rief: »Warum opferst du dich selbst?«

Und ein Dritter sprach: »Glaubst du, du könntest mit diesem Preis allen Ruhm der Welt erlangen?«

Dann sagte ein vierter: »Seht, wie er lächelt! Kann man solchen Schmerzen vergeben?«

Da antwortete ich ihnen allen und sagte:

»Ihr sollt euch nur daran erinnern, dass ich gelächelt habe. Ich büße nicht, noch opfere ich mich oder wünsche mir Ruhm. Ich bitte auch nicht um Vergebung. Mich dürstete und ich flehte euch an: Gebt mir von meinem Blut zu trinken. Denn was gibt es anderes, das den Durst eines Narren stillen kann, als sein eigenes Blut? Ich war stumm und ich bat euch um Wunden, die sich wie Münder öffneten. Ich war verfangen in euren Tagen und Nächten und ich suchte das Tor zu den größeren Tagen und Nächten. Und jetzt gehe ich wie andere, die vor mir gekreuzigt wurden. Und denkt nicht, dass wir der Kreuzigungen müde sind. Denn wir müssen von größeren und noch größeren Menschen gekreuzigt werden, zwischen größeren Erden und größeren Himmeln.«

DER ASTRONOM

Im Schatten des Tempels sahen mein Freund und ich einen Blinden allein dasitzen. Mein Freund sprach: »Siehe, der weiseste Mann unseres Landes.«

Da ließ ich meinen Freund stehen, näherte mich dem blinden Mann und grüßte ihn. Und wir unterhielten uns.

Nach einer Weile sagte ich: »Vergib mir meine Frage, doch seit wann bist du blind?«

»Von Geburt an«, antwortete er.

Ich sagte: »Und welchem Weg der Weisheit folgst du?«

»Ich bin ein Astronom«, sagte er.

Dann legte er seine Hand auf seine Brust und sagte: »Ich beobachte all diese Sonnen, Monde und Sterne.«

DAS GROSSE VERLANGEN

Hier sitze ich zwischen meinem Bruder, dem Berg, und meiner Schwester, dem Meer. Wir drei sind eins in der Einsamkeit, und die Liebe, die uns verbindet, ist tief und stark und fremd.

Nein, sie ist tiefer als die Tiefe meiner Schwester und stärker als die Stärke meines Bruders und rätselhafter als die Fremdheit meines Wahns.

Zeitalter um Zeitalter vergingen, seit die erste graue Morgendämmerung uns einander erkennen ließ. Und obwohl wir die Geburt, die Blüte und den Tod vieler Welten sahen, sind wir immer noch jung und begierig. Wir sind jung und begierig und doch ohne Gefährten, und niemand ist da, der uns besucht. Und obwohl wir uns stets gegenseitig trösten, sind wir unzufrieden. Welchen Trost gibt es schon für gezügeltes Verlangen und ungestillte Leidenschaft? Woher kommt der flammende Gott, der meiner Schwester das Bett wärmt? Und welche Sturzflut soll das Feuer meines Bruders löschen? Und wer ist die Frau, die meinem Herzen befiehlt?

In der Stille der Nacht murmelt meine Schwester in ihrem Schlaf den unbekannten Namen des Feuergottes und mein Bruder ruft eine kühle und weit entfernte Göttin an. Doch wen ich im Schlaf anrufe, weiß ich nicht.

Hier sitze ich zwischen meinem Bruder, dem Berg, und meiner Schwester, dem Meer. Wir drei sind eins in der Einsamkeit, und die Liebe, die uns verbindet, ist tief und stark und fremd.

EIN GRASHALM SAGTE

EIN GRASHALM SAGTE ZU EINEM HERBSTBLATT: »Du machst beim Fallen solch einen Lärm! Du verdirbst mir ja all meine Winterträume.«

Das Blatt sagte empört: »So niedrig geboren und am Boden haftend, wie du bist! Du sangloses, mürrisches Etwas! Du lebst nicht in den höheren Gefilden und weißt nicht, was Musik ist.«

Dann legte es sich auf die Erde nieder und schlief ein.

Als der Frühling kam, wachte es wieder auf – und siehe, es war ein Grashalm.

Als es Herbst wurde, senkte sich allmählich der Winterschlaf auf den Grashalm, und die Luft vor ihm war voller fallenden Blätter. Da murmelte der Halm zu sich: »O diese Herbstblätter! Sie schlagen solch einen Lärm! Sie verderben mir all meine Winterträume.«

DAS AUGE

Eines Tages sagte das Auge: »Ich sehe hinter diesen Tälern einen Berg, den blauer Nebel bedeckt. Ist er nicht schön!«

Das Ohr hatte es vernommen, und nachdem es eine Weile aufmerksam gelauscht hatte, sagte es: »Wo soll denn ein Berg sein? Ich vernehme keinen.«

Dann sprach die Hand: »Ich versuche vergeblich, ihn aufzuspüren oder zu berühren. Ich kann keinen Berg finden.«

Und die Nase sagte: »Es gibt keinen Berg, denn ich rieche keinen.«

Da wendete sich das Auge von ihnen ab und sie begannen alle gemeinsam über die seltsame Täuschung des Auges herzuziehen. Und sie sagten: »Mit dem Auge muss irgendetwas nicht in Ordnung sein.«

ZWEI GELEHRTE MÄNNER

Einst lebten in der alten Stadt Afkar zwei gelehrte Männer, die die Lehre des anderen hassten und herabwürdigten. Der eine von ihnen leugnete die Existenz der Götter und der andere glaubte an sie.

Eines Tages trafen sich die beiden auf dem Marktplatz. Im Beisein ihrer Anhänger begannen sie zu argumentieren und stritten über die Existenz oder Nicht-Existenz der Götter. Nach Stunden des Streits gingen sie ihrer Wege.

Der Ungläubige ging an diesem Abend in den Tempel, warf sich vor dem Altar nieder und betete die Götter an, sie mögen ihm seine eigensinnige Vergangenheit vergeben.

In derselben Stunde verbrannte der andere Gelehrte, der die Götter verteidigt hatte, all seine heiligen Schriften. Er hatte seinen Glauben abgelegt.

ALS MEIN LEID GEBAR

Als mein Leid auf die Welt kam, pflegte ich es mit Sorgfalt und wachte mit liebevoller Zärtlichkeit darüber. Und mein Leid gedieh wie alle Lebewesen, stark und schön und voller wundersamer Wonnen.

Wir liebten uns, mein Leid und ich, und wir liebten die Welt um uns herum. Denn das Leid hatte ein gütiges Herz, und ich war gütig mit ihm.

Wenn wir uns unterhielten, mein Leid und ich, waren unsere Tage geflügelt und unsere Nächte von Träumen erfüllt. Denn das Leid hatte eine beredte Zunge, und ich war beredt mit ihm.

Sangen wir gemeinsam, mein Leid und ich, saßen unsere Nachbarn an ihren Fenstern und lauschten. Denn unsere Lieder waren tief wie das Meer und unsere Melodien waren voller seltsamer Erinnerungen.

Wenn wir zusammen wanderten, mein Leid und ich, blickten uns die Menschen mit sanften Augen hinterher und flüsterten mit Worten von großer Süße. Da waren auch jene, die uns neidisch beäugten, denn das Leid war eine edle Sache und ich war stolz auf das Leid.

Doch mein Leid starb, wie alle Lebewesen, und ich blieb sinnend und grübelnd allein.

Wenn ich jetzt spreche, liegen mir meine Worte schwer in den Ohren. Und wenn ich singe, hören mir meine Nachbarn nicht mehr zu. Und wenn ich durch die Straßen ziehe, schaut mir niemand mehr nach.

Nur im Schlaf höre ich Stimmen, die voller Anteilnahme sagen: »Siehe, da liegt der Mann, dessen Leid gestorben ist.«

UND ALS MEINE FREUDE GEBAR

Als meine Freude auf die Welt kam, hielt ich sie fest umschlungen in meinen Armen, stellte mich aufs Dach des Hauses und jubelte: »Kommt, meine Nachbarn, kommt und seht. Heute wurde mir die Freude geboren. Kommt und seht dieses herrliche Geschöpf, das in der Sonne lacht.«

Doch keiner meiner Nachbarn erschien, um meine Freude zu betrachten, und das erstaunte mich doch sehr.

Jeden Tag, sieben Monde lang, verkündete ich meine Freude vom Dach herab, doch schenkte mir niemand Beachtung. Meine Freude und ich blieben allein, ungesucht und unbesucht.

Da wurde meine Freude blass und müde, denn kein anderes Herz außer dem meinem hatte seine Schönheit entflammen können und keine anderen Lippen hatten ihre Lippen geküsst.

Da starb meine Freude an Vereinsamung.

Nun erinnere ich mich nur noch meiner toten Freude, wenn ich meines toten Leids gedenke. Doch die Erinnerung ist wie ein Herbstblatt, das durch den Wind säuselt und dann nicht mehr vernommen wird.

Freude und Leid

»DIE PERFEKTE WELT«

GOTT DER VERLORENEN SEELEN, du, der du unter den Göttern verloren bist, höre mich an! Gütiges Schicksal, das auf uns irre, wandernde Geister achtet, höre mich an!

Ich bin Teil eines vollkommenen Geschlechts, ich, der unvollkommenste von allen.

Ich, ein menschliches Chaos, ein Nebel verworrener Elemente, wandele zwischen vollendeten Welten – Völker mit allumfassenden Gesetze und klarer Ordnung, deren Denken geordnet, deren Träume geregelt und deren Visionen allseits bekannt und registriert sind.

Ihre Tugenden, o Gott, sind abgemessen, ihre Sünden gewogen, und selbst die unzähligen Dinge, die im Dämmerland zwischen Sünde und Tugend liegen, sind aufgezeichnet und katalogisiert.

Tage und Nächte werden hier ihrem Verhalten gemäß in Jahreszeiten unterteilt, diktiert nach untadelig präzisen Regeln.

Essen, trinken, schlafen, Nacktheit bedecken und zu gegebener Zeit ermüden.

Arbeiten, spielen, singen, tanzen und sich still niederlegen, wenn die rechte Stunde schlägt.

So denken und ebenso fühlen und dann das Denken und das Fühlen abstellen, sobald sich ein bestimmter Stern über den Horizont erhebt.

Den Nächsten mit einem Lächeln ausrauben, Geschenke mit einer anmutigen Handbewegung machen, umsichtig loben, vorsichtig beschuldigen, eine Seele mit einem Wort zerstören, einen Körper mit einem Atemzug verbrennen und dann die Hände waschen, wenn die Arbeit des Tages verrichtet wurde.

Nach festgelegter Ordnung lieben, das beste Selbst in einer vorgefassten Art unterhalten, die Götter verehren, Teufeln kunstvoll ein Schnippchen schlagen und schließlich alles vergessen, als wär' die Erinnerung ein lebloses Wesen.

Über Beweggründe schwärmen, mit Bedacht innere Einkehr üben, beherzt Glück und edel Leid verspüren und dann den Kelch leeren, damit er Morgen wieder gefüllt werden kann.

All diese Dinge, o Gott, werden mit Planung gezeugt, mit Zielstrebigkeit in die Welt gesetzt, mit Exaktheit gepflegt, nach Regeln regiert, mit Vernunft geleitet und dann nach einer vorgeschriebenen Methode getötet und begraben. Sogar die schweigsamen Gräber, die in der menschlichen Seele liegen, sind markiert und nummeriert.

Es ist eine vollkommene Welt, eine Welt heiler Vortrefflichkeit, eine Welt unbeschränkter Wunder, die reifste Frucht im Garten Gottes, der Meistergedanke des Universums.

Aber warum sollte ich hier sein, o Gott, ich, ein grüner Same unerfüllter Leidenschaft, ein wilder Sturm, der weder Ost noch West sucht, ein wirres Fragment eines verbrannten Planeten?

Warum bin ich hier, o Gott der verlorenen Seelen, du, der du verloren unter den Göttern bist?

Gibran Khalil Gibran

Der Vorbote

Seine Parabeln und Gedichte

ins Deutsche übertragen von

Alexander Varell

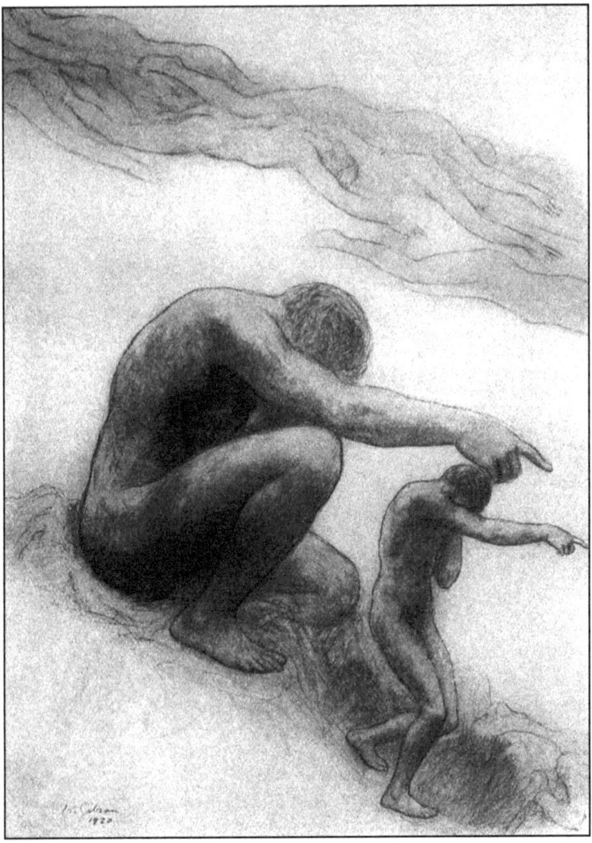

Du bist dein eigener Vorbote, und die Türme, die du errichtest, sind nur das Fundament für dein größeres Selbst. Und auch dieses Selbst ist nur ein Fundament.

Auch ich bin mein eigener Vorbote, denn der lange Schatten, der sich bei Sonnenaufgang vor mir erstreckt, wird sich zur Mittagszeit unter meinen Füßen sammeln. Ein weiterer Sonnenaufgang wird einen weiteren Schatten vor mich legen und auch dieser sammelt sich zur Mittagszeit.

Wir waren immer unsere eigenen Vorboten und werden es immer bleiben. Und alles, was wir sammelten und sammeln werden, sind nur Samen für noch nicht bestellte Felder. Wir sind diese Felder und wir pflügen sie, wir sind die Sammler und die Eingesammelten.

Als du ein wandernder Wunsch im Nebel warst, war auch ich ein wandernder Wunsch. Dann suchten wir einander, und unser Eifer brachte neue Träume hervor, zeitlose Träume im unermesslichen Raum.

Als du ein stilles Wort auf den bebenden Lippen des Lebens warst, war auch ich da, ein anderes stilles Wort. Da äußerte sich uns das Leben und wir gingen hinunter, mit pochenden Herzen vor Erinnerungen an das Gestern und vor Sehnsucht nach dem Morgen, denn gestern wurde der Tod besiegt und Morgen heißt es, die Geburt verfolgen.

Jetzt sind wir in Gottes Händen. Du bist eine Sonne in Seiner rechten Hand und ich eine Erde in Seiner linken. Doch du leuchtest nicht heller als ich leuchte. Und wir, Sonne und Erde, sind nur der Anfang einer größeren Sonne und einer größeren Erde. Und immer werden wir der Anfang sein.

Du bist dein eigener Vorbote, du, ein Fremder, der durch das Tor meines Gartens schreitet. Auch ich bin mein eigener Vorbote, auch wenn ich im Schatten meiner Bäume sitze und reglos erscheine.

GOTTES NARR

Einst kam ein Mann aus der Wüste in die große Stadt Scharia, ein Träumer, der nichts als ein Gewand und einen Wanderstock besaß.

Während er durch die Straßen ging, blickte er mit Ehrfurcht und Staunen auf die Tempel, Türme und Paläste, denn die Stadt Scharia war von unvergleichlicher Schönheit.

Er sprach oft mit den Passanten und fragte sie nach ihrer Stadt, doch verstanden sie weder seine Sprache noch er die ihre.

Um die Mittagszeit hielt er vor einem großen Gasthaus an. Es war aus gelbem Marmor, und die Menschen gingen unentwegt ein und aus.

»Das muss ein Gotteshaus sein«, sagte er sich und ging ebenfalls hinein. Doch welch Überraschung! Er kam in einen Saal von großer Pracht, in dem sich unzählige Männern und Frauen befanden, die an vielen Tischen saßen, aßen und tranken und den Musikern lauschten.

»Nein«, sagte der Träumer. »Das ist kein Gottesdienst. Es muss ein Fest sein, das der Prinz dem Volk hält zur Feier eines großen Ereignisses.«

In diesem Augenblick näherte sich ihm ein Mann, den er als Sklaven des Prinzen betrachtete, und dieser bat ihn, sich zu setzen. Er servierte ihm Fleisch und Wein und die besten Süßspeisen.

Nachdem er zufrieden war, erhob sich der Träumer und ging. An der Tür hielt ihn ein großer, prächtig gekleideter Mann auf.

»Das muss der Prinz höchstpersönlich sein«, sagte sich der Träumer in seinem Herzen. Er verneigte sich vor ihm und dankte.

Da sagte der große Mann in der Sprache der Stadt: »Mein Herr, Sie haben Ihr Abendmahl nicht bezahlt.«

Der Träumer aber verstand es nicht und dankte ihm nochmals herzlich. Da schaute ihn der große Mann an und betrachtete sich den Träumer genauer. Und er sah, dass er ein Fremder war, der nur ein verschlissenes Gewand trug und tatsächlich nicht in der Lage war, für sein Essen zu bezahlen.

Da klatschte der große Mann in die Hände und rief. Vier Wächter der Stadt erschienen, die den großen Mann anhörten. Sogleich nahmen sie den Träumer in ihre Mitte, zwei auf jeder Seite.

Der Träumer bemerkte ihre zeremonielle Kleidung und ihre Gebärden und sah sie mit Begeisterung an.

»Das«, sagte er, »sind Männer von Rang.«

Gemeinsam gingen sie zum Gerichtsgebäude und betraten es.

Der Träumer trat vor einen ehrwürdigen Mann mit rauschendem Bart, majestätisch gekleidet, der auf einem Thron saß. Er dachte, es wäre der König, und freute sich, ihm zu begegnen.

Die Wachleute teilten dem Richter, jenen ehrwürdigen Mann, das Vergehen des Träumers mit. Der Richter ernannte zwei Anwälte, einen, um die Anklage zu vertreten, und einen, der den Fremden verteidigen sollte. Die Anwälte erhoben sich, und einer nach dem anderen brachte seine Argumente vor. Der Träumer aber dachte, er lausche Willkommensreden. Sein Herz war voller Dankbarkeit für den König und den Prinzen für alles, was man für ihn tat.

Man verurteilte den Träumer, man möge ihm eine Tafel um den Hals hängen, auf der man sein Verbrechen schriebe. Auf einem nackten Gaul, von einem Trompeter und einen Trommler begleitet, solle er so durch die Stadt reiten. Und diese Urteil wurde unverzüglich vollstreckt.

Während der Träumer auf dem nackten Pferd, von einem Trompeter und einem Trommler begleitet, durch die Gassen ritt, wurden die Bewohner der Stadt durch den Krach herbeigerufen. Als sie ihn sahen, lachten sie alle und die Kinder rannten ihm zur Begleitung von Straße zu Straße nach. Und das Herz des Träumers war voller Euphorie, seine Augen strahlten sie an. Denn er hielt die Tafel als ein Zeichen für des Königs Wohlwollen und die Prozession als eine Veranstaltung zu seinen Ehren.

Während er so ritt, entdeckte er in der Menge einen Mann, der wie er aus der Wüste stammte. Da schwoll sein Herz vor Freude an und er rief ihm durch das Geschrei hindurch zu:

»Freund! Mein Freund! Wo sind wir hier? Welche Stadt ist das, die alle Herzenswünsche erfüllt? Was für ein Geschlecht großzügiger Gastgeber, die einem zufälligen Gast in ihren Palästen festlich bewirten, deren Fürsten ihm Geleit anbieten, deren Könige ihm ein Ehrenzeichen an die Brust hängen und ihm die Gastfreundschaft einer vom Himmel herabgekommenen Stadt eröffnen!«

Doch der andere Fremde aus der Wüste antwortete nicht. Er lächelte nur und schüttelte den Kopf. Und die Prozession ging weiter. Das Haupt des Träumers war hoch erhoben und seine Augen waren übervoll des Lichts.

LIEBE

Man sagt, Schakal und Maulwurf
Trinken aus dem gleichen Strom,
Aus dem auch der Löwe trinkt.

Man sagt, Adler und Geier
Schlagen ihre Schnäbel in den gleichen Kadaver,
Und halten Frieden
In der Gegenwart des toten Leibs.

O Liebe, deren gebieterische Hand
Mein Verlangen zügelte
Und meinen Hunger und Durst
Nach Stolz und Würde weckte,
Lass nicht das Starke in mir und das Stetige
Das Brot essen oder den Wein trinken,
Die mein schwaches Selbst in Versuchung bringen.
Eher lass mich verhungern
Und lass mein Herz vor Durst verdorren,
Lass mich sterben und untergehen,
Ehe ich meine Hand recke
Nach einem Kelch, den du nicht fülltest,
Oder eine Schale, die du nicht gesegnet hast.

DER KÖNIGLICHE EREMIT

MAN ERZÄHLTE MIR, in einem Wald in den Bergen lebe ein junger Mann abgeschieden von der Welt. Einst war er der König des mächtigen Landes jenseits der zwei Flüsse gewesen. Man erzählte mir auch, er hätte aus eigenem Willen seinen Thron und das glorreiche Land verlassen, um in der Wildnis zu leben.

Da sagte ich: »Ich will diesen Menschen aufsuchen und das Geheimnis seines Herzens ergründen, denn wer auf ein Königreich verzichtet, muss größer sein als jedes Königreich.«

Noch am gleichen Tage ging ich in den Wald, in dem er wohnte. Als ich ihm begegnete, saß er unter einer weißen Zypresse und hielt ein Schilfrohr in seiner Hand, als wäre es ein Zepter. Ich grüßte, so wie man einen König grüßt. Er wandte sich mir zu und sagte sanftmütig: »Was führt dich in diesen Wald der Gelassenheit? Suchst du in den grünen Schatten ein verlorenes Selbst oder kehrst du in das eignen Zwielicht heim?«

Ich antwortete: »Ich suche nur nach dir, denn ich möchte von dir erfahren, was dich dazu bewegte, ein Königreich gegen einen Wald zu tauschen.«

Er antwortete: »Meine Geschichte ist nur kurz, so kurz wie das Leben einer Seifenblase. Es verhielt sich so: Eines Tages, ich saß an einem Fenster meines Palastes, gingen mein Hofmeister und ein Gesandter aus einem fremden Land in meinem Garten spazieren. Als sie sich meinem Fenster näherten, sprach der

Hofmeister von sich selbst und sagte: ›Ich bin wie der König. Mich dürstet nach starkem Wein und hungert nach allen Glücksspielen. Und wie mein Herr, der König, besitze ich ein aufbrausendes Temperament.‹ Der Hofmeister und der Gesandte verschwanden hinter den Bäumen. Doch nach wenigen Minuten kehrten sie zurück, und diesmal sprach der Hofmeister von mir und sagte: ›Mein Herr, der König, ist wie ich, ein guter Schütze. Und so wie ich liebt er die Musik und badet drei Mal täglich.‹« Da hielt er inne und fügte dann hinzu: »Noch am gleichen Abend verließ ich den Palast und behielt nur mein Gewand. Ich wollte nicht mehr Herrscher über jene sein, die meine Laster annehmen und mir ihre Tugenden zuschreiben.«

Da antwortete ich: »Das ist in der Tat eine wunderliche Geschichte mit einem merkwürdigen Ausgang.«

Er sprach: »Nein, mein Freund, du klopftest an das Tor meines Schweigens und bekamst bisher nichts als eine Belanglosigkeit dafür. Denn wer würde nicht ein Königreich für einen Wald verlassen, in dem die Jahreszeiten unaufhörlich singen und tanzen? Es gibt viele, die ihr Königreich für weniger hergeben als fürs Alleinsein und die süße Gemeinschaft der Einsamkeit. Unzählig sind die Adler, die aus den höheren Gefilden herabsteigen, um mit den Maulwürfen zu leben, die ihnen die Geheimnisse der Erde offenbaren. Es gibt auch jene, die auf das Reich der Träume verzichten, damit sie sich nicht von jenen Traumlosen unterscheiden. Und jene gibt es, die dem Reich der Nacktheit abschwören und ihre Seele bedecken, damit sich andere nicht ihrer schämen, wenn sie ihrer entblößten Wahrheit begegnen und ihre unverhüllte Schönheit. Größer noch als alle anderen ist der, der auf das Reich des Leids verzichtet, damit man ihn nicht als stolz und eitel erachten kann.«

Dann erhob er sich, auf sein Schilf gestützt, und sagte: »Geh in die große Stadt und setz dich an eines ihrer Tore. Beobachte alle, die ein- und ausgehen, und sieh zu, dass du einen findest, der, obwohl er als König geboren wurde, ohne Königreich ist. Finde einen, der im Fleische wie im Geiste regiert, egal ob er oder seine Untertanen sich dessen bewusst sind. Und finde auch den, der zu gebieten scheint, obwohl er in Wahrheit der Sklave seiner eigenen Sklaven ist.«

Nachdem er dies gesagt hatte, lächelte er mich an. Tausend Morgenröte lagen auf seinen Lippen. Dann wendete er sich ab und ging hinein in das Herz des Waldes.

Ich aber kehrte in die Stadt zurück. Ich setzte mich an eines ihrer Tore, um die Passanten zu beobachten, wie er es mir geheißen hatte. Bis heute waren es unzählige Könige, deren Schatten auf mir lagen, und es waren nur wenige Untertanen, auf die sich mein Schatten legte.

DIE TOCHTER DES LÖWEN

Vier Sklaven fächelten einer alten Königin zu, die auf ihrem Thron schlief und schnarchte. Auf dem Schoß der Königin lag eine schnurrende Katze und schaute trägen Blickes zu den Sklaven hinauf.

Der erste Sklave sagte: »Wie hässlich die alte Frau im Schlaf doch ist. Seht, wie ihr Kiefer herunterhängt; und sie atmet, als würde der Teufel sie würgen.«

Da sagte die Katze schnurrend: »Sie ist nicht halb so hässlich in ihrem Schlaf wie du in deiner wachen Sklaverei.«

Der zweite Sklave sagte: »Man sollte meinen, dass der Schlaf ihre Falten glättet, doch sie vertiefen sich. Sie träumt wohl von etwas Bösem.«

Die Katze schnurrte: »Du möchtest wohl auch schlafen und von deiner Freiheit träumen?«

Der dritte Sklave sagte: »Vielleicht sieht sie eine Prozession all derer, die sie auf dem Gewissen hat.«

Und die Katze schnurrte: »Ja, sie sieht die Prozession deiner Vorfahren und Nachkommen.«

Der vierte Sklave sagte: »Schön und gut, wenn wir über sie herziehen, aber es macht mich nicht weniger müde, hier zu stehen und ihr Luft zuzufächeln.«

Die Katze aber schnurrte: »Du wirst ewig fächeln, denn wie auf Erden, so ist es auch im Himmel.«

In diesem Moment nickte die alte Königin im Schlaf und ihre Krone fiel auf den Boden.

Einer der Sklaven sagte: »Das ist ein schlechtes Omen.«

K. Gibran
1920

Und die Katze schnurrte: »Das böse Omen des einen ist das gute Omen eines anderen.«

Der zweite Sklave sprach: »Was ist, wenn sie aufwacht und ihre heruntergefallene Krone auf dem Boden entdeckt? Sicher wird sie uns töten.«

Und die Katze schnurrte: »Von deiner Geburt an bis heute hat sie dich jeden Tag aufs Neue umgebracht. Doch du verstehst es nicht.«

Der dritte Sklave sagte: »Ja, sie wird uns töten und damit den Göttern ein Opfer bringen.«

Und die Katze schnurrte: »Nur die Schwachen werden den Göttern geopfert.«

Der vierte Sklave brachte die anderen zum Schweigen. So leise wie nur möglich hob er die Krone auf und setzte sie, ohne sie zu wecken, auf den Kopf der alten Königin.

Und die Katze schnurrte: »Nur ein Sklave stellt eine gefallene Krone wieder her.«

Nach einer Weile wachte die alte Königin auf. Sie sah sich um, gähnte und sagte: »Mir war, als träumte ich. Ich sah vier Raupen, die ein Skorpion um den Stamm einer alten Eiche jagte. Ein schrecklicher Traum.«

Da schloss sie ihre Augen wieder und schlief schnarchend weiter. Und die vier Sklaven fächelten ihr weiter zu.

Die Katze schnurrte: »Fächelt nur, fächelt nur, ihr Dummköpfe. Ihr facht nur das Feuer an, das euch verzehrt.«

TYRANNEI

DIES SINGT DIE BRAUT DES DRACHEN, die sieben Höhlen am Meer bewacht: »Mein Gefährte, auf den Wellen reitend wird er erscheinen. Sein donnerndes Gebrüll versetzt die Erde in Schrecken, die Flammen seiner Nüstern legen den Himmel in Brand. Bei Mondfinsternis soll unsere Hochzeit sein und bei der Sonnenfinsternis werde ich einen Heiligen Georg gebären, der mich töten wird.«

Dies singt die Braut des Drachen, die sieben Höhlen am Meer bewacht.

DER HEILIGE

ICH BESUCHTE EINMAL, ALS ICH JUNG WAR, einen Heiligen in seinem stillen Hain jenseits der Berge. Wir unterhielten uns gerade über die Natur der Tugend, da kam ein Räuber, der schweren Schrittes den Hang hinaufhinkte. Nachdem er den Hain erreicht hatte, kniete er vor dem Heiligen nieder und sagte: »O Heiliger, tröste mich! Meine Sünden lasten schwer auf mir.«

Der Heilige antwortete: »Auch meine Sünden lasten schwer auf mir.«

Da sprach er Räuber: »Ich bin ein Dieb und Plünderer.«

Und der Heilige antwortete: »Auch ich bin ein Dieb und Plünderer.«

Der Räuber sagte: »Aber ich bin ein Mörder. Das Blut vieler Menschen schreit in meinen Ohren.«

Und der Heilige antwortete: »Auch ich bin ein Mörder, dem das Blut vieler Menschen in den Ohren schreit.«

Der Räuber sagte: »Ich habe unzählige Verbrechen begangen.«

Und der Heilige antwortete: »Auch meine Verbrechen sind ohne Zahl.«

Da stand der Räuber auf und blickte den Heiligen mit großem Befremden an. Er wendete sich von uns ab und ging den Abhang wieder hinunter.

Da wandte ich mich dem Heiligen zu und sagte: »Warum hast du dich wegen unverschuldeter Verbrechen bezichtigt? Siehst du nicht, dass dieser Mann fortging und nicht mehr an dich glaubt?«

Der Heilige antwortete: »Das ist wahr. Er glaubt nicht mehr an mich. Doch er ist getröstet.«

In diesem Moment hörten wir den Räuber in der Ferne singen und der Hall seines Gesangs erfüllte das Tal mit Freude.

DER PLUTOKRAT

Auf meinen Wanderungen sah ich einmal auf einer Insel ein Monster mit Menschenkopf und eisernen Hufen. Es fraß von der Erde und trank ohne Unterlass vom Meer. Ich beobachtete es lange Zeit. Dann näherte ich mich ihm und sagte: »Bist du nimmer satt? Sind dein Hunger und dein Durst nie gestillt?«

Er antwortete: »Ja, ich bin satt, ich bin des Fressens und des Trinkens sogar leid. Doch habe ich Angst, dass ich Morgen keine Erde mehr zum Fressen vorfinde und es kein Meer mehr zum Trinken gibt.«

DAS GRÖSSERE SELBST

Es war einmal, da zog sich Nufsibaal, der König von Byblos, nach seiner Krönung in sein Schlafgemach zurück. Es war genau jenes Gemach, das die drei als Einsiedler lebenden Magier der Berge für ihn eingerichtet hatten. Er legte seine Krone ab und zog sein königliches Gewand aus. Mitten im Raum blieb er stehen und wurde sich bewusst, dass er von nun an der allmächtige Herrscher von Byblos ist.

Plötzlich drehte er sich um und sah, wie ein nackter Mann aus dem silbernen Spiegel trat, den seine Mutter ihm geschenkt hatte.

Der König erschrak und er rief ihm zu: »Was willst du?«

Der nackte Mann antwortete: »Nur das: Warum hat man dich zum König gekrönt?«

Der König antwortete: »Weil ich der edelste Mann im Land bin.«

Und der Nackte erwiderte: »Wärst du noch edler, wärst du kein König geworden.«

Der König sprach: »Ich bin der mächtigste Mann im Land. Darum hat man mich gekrönt.«

Und der nackte Mann sagte: »Wärst du noch mächtiger, wärst du kein König geworden.«

Da sagte der König: »Weil ich der weiseste Mann bin, haben sie mich zum König gekrönt.«

Und der Nackte sagte: »Wärest du noch weiser, hättest du dich nicht dafür entschieden, König zu werden.«

Da fiel der König auf die Knie und weinte bitterlich.

Der nackte Mann sah auf ihn herab. Dann nahm er die Krone zur Hand und setzte sie behutsam auf das geneigte Haupt des Königs. Er sah den König liebevoll an und trat wieder in den Spiegel zurück.

Als der König sich erhob, sah er gleich in den Spiegel. Und darin sah er nur sich selbst – gekrönt.

KRIEG UND DIE KLEINEN NATIONEN

Einst kreiste hoch über einer Weide, auf der ein Schaf und ein Lamm grasten, ein Adler und starrte hungrig auf das Lamm hinunter. Er stieg hinab und wollte eben seine Beute ergreifen, da erschien ein anderer Adler und schwebte mit der gleichen hungrigen Absicht über dem Schaf und seinem Jungen. Da begann ein heftiger Kampf zwischen den beiden Rivalen, der Himmel war von ihren stürmischen Schreien erfüllt.

Das Schaf sah auf und erstaunte sehr. Es wandte sich dem Lamm zu und sagte: »Wie seltsam, mein Kind! Warum diese beiden edlen Vögel sich einander bekriegen? Ist der gewaltige Himmel nicht groß genug für beide? Bete, mein Kleines, bete in Deinem Herzen, Gott möge zwischen deinen geflügelten Brüdern Friede stiften.«

Und das Lamm betete in seinem Herzen.

K. Gibran
1920

KRITTLER

Eines Tages, bei Einbruch der Nacht, erreichte ein Mann, der auf einem Pferd zum Meer ritt, ein Gasthaus am Wegesrand. Wie alle, die zum Meer reiten, vertraute er den Menschen und der Nacht, und er band sein Pferd an einen Baum neben der Haustür und betrat das Gasthaus.

Um Mitternacht, als alle schliefen, kam ein Dieb und stahl das Pferd des Reisenden.

Der Mann erwachte am Morgen und entdeckte, dass man ihm sein Pferd gestohlen hatte. Da trauerte er um sein Pferd und klagte darüber, dass jemand so herzlos war, es ihm zu stehlen.

Da kamen die anderen Gäste des Wirtshauses, blähten sich vor ihn auf und redeten auf ihn ein.

Der erste Mann sagte: »Wie dumm du doch bist, dass du dein Pferd nicht in den Stall gebracht hast.«

Der zweite sagte: »Noch dümmer war es, dass du es nicht angepflockt hast!«

Ein dritte Mann sagte: »Viel dümmer noch ist es, zu Pferde ans Meer zu reisen.«

Und ein Vierter schließlich sprach: »Nur Faule und Fußlahme besitzen Pferde.«

Der Reisende war zutiefst verwundert. Schließlich sagte er: »Meine Freunde, man hat mir mein Pferd gestohlen, und ihr alle wart sehr eifrig dabei, mir meine Fehler und Makel vorzuhalten. Doch es ist sehr seltsam, dass ihr kein Wort des Vorwurfs an den Mann verschwendet habt, der mir mein Pferd stahl.«

DICHTER

Vier Dichter sassen an einem Tisch, auf dem ein Krug voller Punsch stand.

Der erste Dichter sagte: »Mir ist, als sähe ich mit meinem dritten Auge den Duft dieses Weins. Er schwebt durch den Raum wie eine Wolke aus Vögeln in einem Zauberwald.«

Der zweite Dichter hob den Kopf und sagte: »Mit meinem inneren Ohr hör' ich die Nebelvögel singen. Ihre Melodie ergreift mein Herz, so wie eine weiße Rose eine Biene mit ihren Blütenblättern gefangen nimmt.«

Der dritte Dichter schloss die Augen, streckte seinen Arm aus und sagte: »Ich berühr' ihn mit meiner Hand. Ich spüre seine Flügel, die mir wie der Atem einer schlafenden Fee über die Finger streichen.«

Dann erhob sich der vierte Dichter, hob den Krug empor und sagte: »Wie schade, meine Freunde! Meine Sinne sind zu stumpf zum Sehen und Hören und Fühlen. Weder kann ich den Duft dieses Weins sehen, noch seinen Gesang hören oder das Schlagen seiner Flügel spüren. Nur den Wein selbst nehme ich wahr. Und nun muss ich trinken, damit er meine Sinne schärft und mich in eure glücklichen Sphären erhebt.«

Da legte er den Krug an seine Lippen und trank den Punsch bis zum letzten Tropfen aus.

Den drei Dichtern klappte vor Entsetzen die Kinnlade herunter. In ihren Augen stand ein durstiger, aber unpoetischer Hass.

DER WETTERHAHN

SAGTE DER WETTERHAHN ZUM WIND: »Wie langweilig und öde du bist! Kannst du denn nicht anders blasen als nur in mein Gesicht? Du raubst mir meine gottgegebene Beständigkeit.«

Der Wind antwortete nicht. Er lachte nur in den Weltraum.

DER KÖNIG VON ARADUS

Einst kamen die Ältesten der Stadt Aradus zu ihrem König und baten ihn um einen Erlass, der den Stadtbewohnern alle Weine und alle Rauschmittel verbot.

Der König aber wandte sich von ihnen ab und ging lachend davon.

Das entsetzte die Ältesten.

Vor dem Palasttor trafen sie den Hofmeister. Dieser erkannte gleich, dass sie besorgt waren. Er verstand ihre Lage und sagte: »Wie schade, meine Freunde! Hättet ihr den König trunken angetroffen, er hätte euch sicher eure Bitte gewährt.«

AUS MEINEM TIEFEREN HERZEN

Aus meinem tieferen Herzen erhob sich ein Vogel und flog himmelwärts. Das Vöglein stieg immer höher und höher und wurde dabei größer und größer – zuerst war es wie eine Schwalbe, dann wie eine Lerche, wie ein Adler, wie eine Frühlingswolke und schließlich füllte es den ganzen Sternenhimmel aus.

Aus meinem Herzen flog ein Vogel himmelwärts. Je weiter er flog, umso größer wurde er. Doch er blieb in meinem Herzen.

O mein Glaube, mein ungezähmtes Wissen, wie kann ich mich in eure Höhen erheben und mit euch das größere Selbst des Menschen betrachten, das in den Himmel gezeichnet ist? Wie soll ich dieses Meer in mir in Nebel auflösen und mich mit euch in den unermesslichen Raum begeben? Wie kann einer, der im Tempel einsitzt, seine goldenen Kuppeln sehen? Wie kann man das Herz einer Frucht ausdehnen, damit es die ganze Frucht umschließt?

O mein Glaube, ich liege in Ketten hinter diesen Gittern aus Silber und Ebenholz, und ich kann nicht mit dir fliegen.

Doch es ist mein Herz, aus dem du dich in den Himmel erhebst, und es ist mein Herz, das dich festhält. Das muss mir genügen.

DYNASTIEN

Die Königin von Ischana lag gerade in den Geburtswehen, und der König und die mächtigen Männer seines Hofes warteten in atemloser Angst in der großen Halle der Geflügelten Stiere. Da stürzte abends plötzlich ein Bote herein, kniete vor dem König nieder und sagte: »Ich bringe frohe Botschaft für meinen Herrn, den König, für das Königreich und die Sklaven des Königs. Mihrab, der Grausame, dein lebenslanger Feind, der König von Bethroun, ist tot.«

Als der König und die mächtigen Männer das vernahmen, erhoben sie sich alle und jubelten vor Freude, denn der mächtige Mihrab, hätte er länger gelebt, hätte Ischana sicher überwunden und die Bewohner in Ketten gelegt.

In diesem Augenblick betrat der Hofarzt die Halle der Geflügelten Stiere, und hinter ihm standen die königlichen Hebammen. Der Arzt kniete vor dem König nieder und sprach: »Mein Gebieter, mein König, du wirst ewig leben. Über unzählige Generationen wirst du über das Volk Ischanas herrschen. Denn dir, o König, wurde in dieser Stunde ein Sohn geboren, der einst dein Erbe antreten wird.«

Da war die Seele des Königs berauscht vor Freude, denn in einem einzigen Augenblick waren sein Feind besiegt und die königliche Dynastie errichtet.

Nun lebte in der Stadt Ischana auch ein aufrechter Prophet. Er war jung und kühn. Der König befahl, der Prophet möge noch in dieser Nacht zu ihm gebracht werden. Als dieser erschien, sagte der König: »Prophezeie mir und sage voraus: Was wird die Zukunft meines Sohnes sein, der heute dem Königreich geboren wurde?«

Der Prophet zögerte keine Sekunde und sagte: »Höre, o König, ich prophezeie dir die Zukunft deines Sohnes, der heute auf die Welt kam. Die Seele deines ärgsten Feindes, des Königs Mihrab, der gestern Abend starb, verweilte nur einen Tag im Winde. Sie suchte sich einen Körper, in den sie eintreten konnte. Und sie trat in den Leib deines Sohnes, der dir in dieser Stunde geboren wurde.«

Das erzürnte den König. Er zog sein Schwert und erschlug den Propheten. Seitdem sagen sich die Weisen von Ischana heimlich zueinander: »Ist es nicht allseits bekannt, und hat man es nicht geweissagt, dass Ischana von einem Feind regiert werden wird?«

WISSEN UND HALBWISSEN

Vier Frösche sassen auf einem Holzstamm, der am Rande eines Flusses vor sich hinschaukelte. Plötzlich erfasst die Strömung den Stamm und er schwamm gemächlich den Fluss hinunter. Das begeisterte die Frösche, sie waren ganz aus dem Häuschen, denn noch nie zuvor waren sie gesegelt.

Der erste Frosch sprach mit Nachdruck: »Das ist wirklich ein wunderbarer Stamm. Er regt sich, als wäre er lebendig. Nie hat man solch einen Stamm zuvor gesehen.«

Da sprach der zweite Frosch und sagte: »Nein, mein Freund, der Stamm ist wie alle Stämme und regt sich nicht. Es ist der Fluss, der zum Meer fließt und uns und den Stamm mit sich führt.«

Der dritte Frosch sprach: »Es ist weder der Stamm noch der Fluss, der sich bewegt. Die Bewegung ist in unserem Denken. Denn ohne Denken bewegt sich nichts.«

Da gerieten die drei Frösche darüber in Streit, was denn nun in Wahrheit in Bewegung sei. Der Streit wurde heftiger und lauter, doch einigen konnten sie sich nicht.

Da wandten sie sich alle dem vierten Frosch zu, der bis zu diesem Zeitpunkt aufmerksam gelauscht, aber geschwiegen hatte, und sie baten ihn um seiner Meinung.

Der vierte Frosch sprach: »Jeder von euch hat Recht, und keiner von euch ist im Unrecht. Die

Bewegung ist im Stamm und im Wasser und auch in unserem Denken.«

Das erzürnte die drei Frösche sehr, denn keiner von ihnen wollte zugeben, dass er nicht die ganze Wahrheit gesagt hatte und dass die anderen beiden nicht ganz falsch lagen.

Da geschah etwas Merkwürdiges: Die drei Frösche einigten sich und stießen den vierten Frosch vom Stamm in den Fluss.

SAGTE EIN SCHNEEWEISSES BLATT PAPIER

EIN SCHNEEWEISSES BLATT PAPIER SAGTE: »Ich wurde rein erschaffen, rein werde ich stets bleiben. Lieber soll man mich verbrennen und in weiße Asche verwandeln, als dass mich die Dunkelheit berührt oder Unreines in meine Nähe kommt.«

Das Tintenfass hörte, was das Papier gesagt hatte, und lachte sich in sein dunkles Fäustchen. Doch wagte es sich nie, sich dem Blatt zu nähern. Und auch die Buntstifte hatten es vernommen, und auch sie blieben dem Blatt fern.

So blieb das schneeweiße Blatt Papier stets rein und unberührt – und leer.

DIE GELEHRTE UND DIE DICHTERIN

Die Schlange sprach zur Lerche: »Du kannst fliegen, doch du vermagst es nicht, die Tiefen der Erde zu erreichen, wo sich der Saft des Lebens in vollkommener Stille regt.«

Die Lerche antwortete: »Ja, du weißt über vieles Bescheid, du bist weiser als alle Dinge. Wie schade, dass du nicht fliegen kannst.«

Als hätte sie es überhört, sprach die Schlange: »Du kannst weder die Geheimnisse der Tiefen sehen, noch kannst du dich zwischen all den Schätzen des verborgenen Reiches fortbewegen. Erst gestern war es, da lag ich in einer Höhle voller Rubine. Es war wie im Herzen eines reifen Granatapfels, und der schwächste Lichteinfall verwandelte sich in eine Flammenrose. Wer außer mir kann solche Wunderwerke sehen?«

Und die Lerche sagte: »Niemand, niemand außer dir vermag es, sich in den Kristall gewordenen Erinnerungen der Zeiten zu rekeln. Wie schade, dass du nicht singen kannst.«

Die Schlange sprach: »Ich kenne eine Pflanze, deren Wurzel in das Innere der Erde hinabsteigt. Wer von dieser Wurzel isst, wird schöner als Astarte.«

Und die Lerche sprach: »Niemand, niemand außer dir vermag es, die magischen Gedanken der Erde zu entschleiern. Wie schade, dass du nicht fliegen kannst.«

Die Schlange sprach: »Es gibt einen veilchenblauen Strom, der unter einem Berg fließt. Wer aus diesem Strom trinkt, wird unsterblich werden wie die Götter. Sicher kann kein Vogel oder kein Tier diesen veilchenblauen Strom erreichen.«

Die Lerche antwortete: »Wenn es dein Wille ist, dann werde so unsterblich wie die Götter. Wie schade, dass du nicht singen kannst.«

Die Schlange sprach: »Ich kenne einen verborgenen Tempel, den ich einmal im Monat aufsuche. Ihn hat ein vergessenes Geschlecht von Riesen erbaut. Auf seinen Mauern sind die Geheimnisse von Raum und Zeit eingraviert. Wer das liest, begreift, was alle Erkenntnis übersteigt.«

Und die Lerche sprach: »Wahrlich, wenn es dir beliebt, dann umschließe mit deinem geschmeidigen Körper alles Wissen von Raum und Zeit. Wie schade, dass du nicht fliegen kannst.«

Das empörte die Schlange. Sie machte kehrt, und während sie in ihrem Loch verschwand, murmelte sie: »Hohlköpfiger Sänger!«

Die Lerche flog davon und sang: »Wie schade, dass du nicht singen kannst. Schade, schade, meine Gelehrte, du kannst nicht fliegen.«

WERTE

Einmal entdeckte ein Mann auf seinem Feld eine Marmorbüste von großer Schönheit. Er brachte sie zu einem Sammler, der alle schönen Dinge liebte, und bot sie ihm zum Kauf an. Der Sammler kaufte sie zu einem hohen Preis. Dann gingen sie ihrer Wege.

Während der Mann mit seinem Geld nach Hause lief, dachte er sich: »Wie viel Leben dieses Geld bedeutet! Wie kann man das alles für einen toten, gemeißelten Stein hergeben, der tausend Jahre unbeachtet in der Erde vergraben lag?«

Zur gleichen Zeit betrachtete der Sammler die Büste und dachte sich: »Welche Schönheit! Welches Leben! Der Traum von welch erhabener Seele! Frisch erwacht aus einem süßen, tausend Jahre währenden Schlaf. Wie kann man dies für totes, traumloses Geld hergeben?«

ANDERE MEERE

Ein Fisch sagte zu einem anderen: »Über diesem Meer gibt es ein anderes Meer. Darin schwimmen Kreaturen, die leben dort, so wie wir hier leben.«

Der andere antwortete: »Reinste Fantasie! Nichts als Schwärmerei! Man weiß doch, dass alles, was unser Meer auch nur einen Zentimeter verlässt und nicht gleich zurückkehrt, dem Tode geweiht ist. Welchen Beweis hast du für andere Leben in anderen Meeren?«

DER STERBENDE MENSCH UND DER GEIER

Warte, warte noch ein Weilchen, begieriger
Freund.
Bald geb ich diesen welken Körper her,
Dessen beständige, sinnlose Qualen
Deine Geduld erschöpfen.
Deinen redlicher Hunger
Will ich nicht auf die Folter spannen,
Doch diese Kette, obwohl nur aus Atemzügen
geknüpft,
Ist schwer zu zerreißen.
Und den Todeswunsch,
Der stärker ist als alle starken Dinge,
Hält der Schrei nach Leben auf,
Der schwächer ist als alles Schwache.
Verzeih mir, Kamerad,
Dass ich so lang verweile!
Die Erinnerung ist es, die meinen Geist aufhält:
Ein Aufmarsch ferner Tage,
Das Bild einer im Traum verbrachten Jugend,
Ein Gesicht, das meinen Lidern den Schlaf
verbietet,
Eine Stimme, die in meinen Ohren weilt,
Eine Hand, die meine Hand berührt.

Vergib mir, dass du so lange warten musstest.
Nun ist es vorüber, und alles ist verblasst:
Das Gesicht und die Stimme und die Hand und der Nebel,
Dem sie alle entstiegen sind.
Der Knoten ist gelöst.
Das Band ist zerschnitten.
Was nicht Speise noch Trank ist, zieht sich zurück.
Tritt näher, mein hungriger Freund!
Die Tafel ist bereitet.
Und die Kost, schlicht und bescheiden,
Wird mit Liebe dargebracht.
Komm, grab deinen Schnabel hier in meine linken Seite,
Und reiß aus ihrem Käfig den kleineren Vogel heraus,
Dessen Flügel nicht mehr schlagen können:
Mir dir soll er in den Himmel steigen.

Kommt jetzt, mein Freund, heut Abend bin ich dein Wirt
Und du bist mein willkommener Gast.

REUE

In einer mondlosen Nacht betrat ein Mann den Garten seines Nachbarn, stahl die größte Melone, die er finden konnte, und nahm sie mit nach Hause. Er schnitt sie auf und entdeckte, dass sie noch unreif war. Da geschah ein Wunder!

Das Gewissen des Mannes erwachte, Reue quälte ihn, und er bedauerte, die Melone gestohlen zu haben.

JENSEITS MEINER EINSAMKEIT

JENSEITS MEINER EINSAMKEIT ist eine andere Einsamkeit. Für den, der darin wohnt, muss mein Alleinsein wie ein überfüllter Markt erscheinen und mein Schweigen wie ein wirres Durcheinander aus Geräuschen.

Ich bin zu jung und auch zu rastlos, um diese andre Einsamkeit zu suchen. Die Stimmen aus dem Tal dort drüben verschließen mir noch immer meine Ohren und seine Schatten versperren mir den Weg, und ich kann nicht hinüber.

Jenseits dieser Berge liegt ein Zauberhain, und für den, der darin wohnt, ist mein Frieden nur ein Wirbelwind und meine Zauberei nur Illusion.

Ich bin zu jung und zu rebellisch, um nach diesem geweihten Hain zu suchen. Blutgeschmack liegt mir im Mund, und Pfeil und Bogen meiner Ahnen liegen immer noch in meiner Hand, und ich kann nicht dahin.

Jenseits dieses schwer beladenen Selbst liegt mein freieres Selbst. Ihm sind meine Träume eine Schlacht, die im Dämmer ausgefochten wird, und meine Wünsche sind das Beben der Gebeine.

Ich bin zu jung und auch zu aufgebracht, um mein freieres Selbst zu sein.

Wie sollte ich auch mein freieres Selbst werden, wenn ich nicht mein beladenes Selbst erschlage oder alle Menschen frei werden?

Wie soll der Adler in mir zur Sonne schweben, während meine Jungen das Nest verlassen, das ich mit meinem eigenen Schnabel für sie baute?

DIE LETZTE WACHE

Als die Nacht schon so weit fortgeschritten war und sich der erste Hauch der Morgendämmerung auf den Wind legte, verließ der Vorbote, der sich selbst das Echo einer bisher ungehörten Stimme nannte, sein Schlafgemach und stieg auf das Dach seines Hauses. Er stand lange da und sah auf die schlummernde Stadt nieder. Dann hob er den Kopf, und als würden sich die ruhelosen Geister all der Schlafenden um ihn gesellen, öffnete er seine Lippen und sprach:

»Meine Freunde und Nachbarn und alle, die ihr täglich an meinem Tor vorüber schreitet, ich will zu euch sprechen, auch wenn ihr noch schlaft, und im Tal eurer Träume will ich nackt und frei umherwandern, denn achtlos seid ihr, wenn ihr wach seid, und taub sind eure lärmgeschundenen Ohren.

Lange Zeit liebte ich euch und dies grenzenlos.

Ich liebte den Einzelnen unter euch, als ob er alle wäre, und alle, als ob sie ein Einziger wären. Im Frühling meines Herzens sang ich in euren Gärten und im Sommer meines Herzens sah ich euch bei der Ernte zu.

Ja, ich liebte euch alle, den Riesen wie den Zwerg, den Aussätzigen wie den Gesalbten, und den, der im Dunkeln tappt, genauso wie den, der seine Tage tanzend auf den Berggipfeln verbringt.

Dich, den Starken, liebte ich, obwohl sich die Spuren deiner eisernen Hufe noch auf meinem Fleisch abzeichnen; und dich, Schwacher, obwohl du meinen Glauben verzehrt und meine Geduld verschwendet hast.

Dich, Reicher, liebte ich, obwohl dein Honig mir bitter auf der Zunge lag; und dich, Armer, obwohl du meine Scham für meine leeren Händen kennst.

Dich, Dichter mit der Bogenlaute und den blinden Fingern, ich liebte dich in all meiner Nachsicht, und dich Gelehrter, der stets verfaulte Leichentücher in den Armengräbern sucht, dich ebenso.

Dich, Priester, liebte ich, der in der Stille des Gestrigen kauert und das Schicksal meines Morgens in Frage stellt; und euch, die ihr Götter anfleht um die Bilder eurer eigenen Wünsche.

Dich, durstige Frau, deren Kelch immer voll ist, ich liebte dich verständnisvoll; und dich, Frau mit den ruhelosen Nächten, dich liebte ich voll Erbarmen.

Dich, Redseliger, liebte ich und sagte mir: ›Das Leben hat so viel zu sagen.‹ Und dich, Stummer, dich liebte ich und flüsterte mir zu: ›Sagt er nicht schweigend, was ich in Worten zu hören wünsche?‹

Dich, Richter und Kunstkenner, dich liebte ich ebenso, wenn du mir auch, als du mich gekreuzigt sahst, sagtest: ›Er blutet rhythmisch, und das Muster, das das Blut auf seiner weißen Haut beschreibt, ist schön anzusehen.‹

Ja, ich liebte euch alle, die Jungen wie die Alten, das zitternde Schilf wie die stramme Eiche.

Es war die Fülle meine Herzens, die euch von mir abkehren ließ. Ihr wolltet die Liebe aus einem Becher trinken, doch nicht aus einem überschäumenden Fluss. Ihr wolltet das schwache Raunen der Liebe vernehmen, doch vor ihren Schreien, verschlosst ihr eure Ohren.

Und weil ich euch alle liebte, sagtet ihr: ›Sein Herz ist zu weich und nachgiebig und sein Weg zu unbedacht. Das ist die Liebe eines Notleidenden, der Krümel aufließt, während er an einer königlichen Tafel sitzt. Es ist auch die Liebe eines Schwächlings, denn der Starke liebt nur den Starken.‹

Weil ich euch über alles liebte, sagtet ihr: ›Das ist nur die Liebe eines Blinden, der weder die Schönheit des einen noch die Hässlichkeit des anderen kennt. Das ist auch die Liebe von einem, der keinen Geschmack hat, der Essig wie Wein trinkt. Es ist die Liebe eines Unverschämten und Anmaßenden, denn welcher Fremde kann uns Mutter und Vater, Schwester und Bruder ersetzen?‹

Dies sagtet ihr und noch viel mehr. Wie oft habt ihr auf dem Markt mit Fingern auf mich gezeigt und gespottet: ›Da kommt der, der kein Alter kennt, der Mann ohne Jahreszeiten, der mittags mit unseren Kindern spielt und abends mit unseren Ältesten zusammenhockt und Weisheit und Verständnis vergaukelt.‹

Ich sagte mir: ›Ich will sie noch mehr lieben. Ja, noch viel mehr. Doch werde ich meine Liebe verschleiern, dass sie wie Hass erscheint, und meine Zuneigung tarne ich als Bitterkeit. Eine eiserne Maske will ich tragen, und ich besuche sie nur, wenn ich gerüstet und bewaffnet bin.‹

Von da an begegnete ich euren Wehwehchen mit fester Hand und wie das Sturmtoben in der Nacht donnerte meine Stimme in euren Ohren.

Vom oben herab kanzelte ich euch als Heuchler, Pharisäer, Trickser ab, als Falschmünzer und Schaumschläger. Die Kurzsichtigen unter euch verfluchte ich als blinde Fledermäuse und die, die auf der Erde krochen, verglich ich mit seelenlosen Maulwürfen.

Die Beredten nannte ich doppelzüngig, die Schweigsamen, schmallippig, und die Einfachen und Schlichten lebendig Begrabene.

Jene, die das Wissen der Welt erstreben, verurteilte ich für ihr Aufbegehren gegen den heiligen Geist und die, die nach nichts anderem streben, als nach dem Geistigen, die brandmarkte ich als Schattenjäger, die ihre Netze in seichtes Wasser werfen und nur die eigenen Bilder einfangen.

So prangerte ich euch alle mit meinen Lippen an, während euch mein blutendes Herz mit liebevolle Namen anrief.

Es war die Liebe, die sich selbst geißelte, die zu euch sprach. Es war der halb erschlagene Stolz, der im Staub zitterte. Es war mein Hunger nach eurer Liebe, der auf der Dachterrasse tobte, während meine eigene Liebe schweigsam niederkniend euch um Vergebung anflehte.

Doch seht, ein Wunder geschah!

Meine Täuschung war es, die euch die Augen öffnete, mein vorgetäuschter Hass war es, der eure Herzen weckte.

Jetzt liebt ihr mich.

Ihr liebt die Schwerter, die nach euch schlagen, und die Pfeile, die sich nach eurer Brust sehnen. Es tröstet euch, wenn ihr verwundet werdet, und nur wenn ihr von eurem eigenen Blute trinkt, könnt ihr euch berauschen.

Wie Motten, die Vernichtung in den Flammen suchen, versammelt ihr euch jeden Tag in meinem Garten. Mit emporgehobenen Häuptern und verwünschten Augen seht ihr, wie ich euer Tagwerk vor euch auseinanderreiße. Und flüsternd sagt ihr euch einander: ›Er sieht im Licht Gottes. Er spricht wie die alten Propheten. Er offenbart uns unsere Seelen und öffnet unsere Herzen, und wie der Adler, der den Weg der Füchse kennt, kennt er unsere Wege.‹

Ja, es ist wahr, ich kenne eure Wege, so wie ein Adler die Wege seiner Kinder kennt. Wie gern würde ich euch meine Geheimnisse preisgeben! Doch weil ich eure Nähe brauche, täuschte ich euch vor, euch fern zu sein, und aus Angst vor der Ebbe eurer Liebe schützte ich sie mit Schleusen vor der Flut meiner Liebe.«

Nachdem er dies gesagt hatte, vergrub er sein Gesicht in seinen Händen und weinte bitterlich.

Tief im Herzen wusste er, dass die Liebe, die man ihrer Nacktheit wegen gedemütigt hat, größer ist als die Liebe, die verkleidet den Sieg erringt. Und er schämte sich.

Da hob er plötzlich seinen Kopf, und wie einer, der aus dem Schlaf erwachte, streckte er seine Arme aus und sagte: »Die Nacht ist vorüber, und wir Kinder der Nacht müssen sterben, wenn das Morgenrot über die Berge springt. Aus unserer Asche wird sich eine mächtigere Liebe erheben. Und sie wird in der Sonne lachen. Unsterblich wird sie sein.«

Gibran Khalil Gibran

Der Wanderer

Seine Gleichnisse und Geschichten

ins Deutsche übertragen von

Alexander Varell

DER WANDERER

Ich begegnete ihm an der Wegkreuzung, ein Mann, der nichts anderes trug, als einen Mantel und einen Stock und einen Schleier aus Schmerz über dem Gesicht. Wir grüßten einander und ich sagte ihm: »Komm in mein Haus und sei mein Gast.« Und er kam.

Meine Frau und meine Kinder empfingen uns an der Türschwelle, und er lächelte sie an, und sie freuten sich über sein Kommen. Dann saßen wir alle gemeinsam am Tisch und waren glücklich über ihn, denn er war voller Stille und Geheimnis.

Nach dem Abendessen versammelten wir uns am Feuer und ich fragte ihn nach seinen Wanderungen.

In dieser Nacht und auch an den darauf folgenden Tagen erzählte er uns so manche Geschichte. Und obwohl er sehr freundlich war, war das, was ich hier niederschreibe, in seinen bittersten Tagen geboren worden, und diese Geschichten sind geprägt vom Staub und Leid seines Weges.

Als er uns nach drei Tagen verließ, war uns nicht, als sei ein Gast von uns gegangen, sondern als sei einer von uns noch draußen im Garten, der gleich hereinkommen würde.

KLEIDER

Eines Tages trafen sich Schönheit und Hässlichkeit am Ufer des Meeres. Sie sagten einander: »Lass uns im Meer baden gehen.« Da zogen sie sich aus und badeten im Wasser.

Nach einer Weile kam die Hässlichkeit ans Ufer zurück, nahm das Kleid der Schönheit und ging davon.

Auch die Schönheit verließ das Meer, doch fand sie ihr Kleid nicht mehr, und weil sie zu schüchtern war, um nackt zu bleiben, zog sie sich das Kleid der Hässlichkeit über und ging ihrer Wege.

Bis zum heutigen Tage verwechseln Männer und Frauen die eine mit der anderen. Doch einige von ihnen haben das Antlitz der Schönheit erblickt, sie erkennen es trotz des Kleides. Und es gibt auch einige, die das Gesicht der Hässlichkeit erkennen, denn ihr Kleid kann sie nicht vor ihren Blicken verbergen.

DER ADLER UND DIE LERCHE

EINE LERCHE UND EIN ADLER TRAFEN SICH AUF dem Fels eines hohen Berges. Die Lerche sagte: »Guten Morgen, mein Herr.« Der Adler blickte auf sie herab und erwiderte matt: »Guten Morgen.«

Die Lerche sagte: »Ich hoffe, bei Ihnen ist alles in bester Ordnung, mein Herr.«

»Ja«, sagte der Adler, »bei Uns ist alles in Ordnung. Doch wissen Sie nicht, dass Wir der König der Vögel sind und dass Sie uns nicht ansprechen dürfen, bevor Wir nicht selbst gesprochen haben?«

Die Lerche sagte: »Mir dünkt, wir gehören zur gleichen Familie.«

Der Adler sah sie verächtlich an und sagte: »Wer will das behaupten, dass Sie und ich zur gleichen Familie gehören?«

Da sagte die Lerche: »Aber ich möchte Sie daran erinnern, dass ich genauso hoch fliegen kann wie Sie, und ich kann singen und spende den anderen Geschöpfen der Erde Freude und Vergnügen. Sie geben weder Freude noch Vergnügen.«

Da erzürnte der Adler und sagte: »Freude und Vergnügen! Du kleine anmaßende Kreatur! Mit einem Hieb meines Schnabels könnte ich dich vernichten. Du bist nicht größer als meine Kralle.«

Da flatterte die Lerche hinauf und landete auf dem Rücken des Adlers, wo sie begann, ihm die Federn auszurupfen. Der Adler erzürnte und flog rasch empor, um sich von dem Vöglein zu befreien, doch gelangt es ihm nicht. Schließlich landete er wieder auf dem Felsen des Berges. Verärgerter denn je, das kleine Geschöpf immer noch auf seinem Rücken, verfluchte er das Schicksal dieser Stunde.

In diesem Moment erschien eine kleine Schildkröte und lachte über den Anblick. Sie lachte so heftig, dass sie fast auf den Rücken purzelte.

Der Adler blickte auf die Schildkröte herab und sagte: »Du langsam kriechendes Etwas, das stets an der Erde klebt, was gibt es da zu lachen?«

Die Schildkröte sagte: »Worüber ich lache? Ich sehe, dass du zu einem Pferd geworden bist. Du wirst geritten von einem kleinen Vogel. Das Vöglein ist der bessere Vogel.«

Und der Adler sagte ihr: »Kümmere dich um deine Angelegenheiten. Das ist eine Familiensache zwischen meiner Schwester, der Lerche, und mir.«

DAS LIEBESLIED

Einst schrieb ein Dichter ein wunderschönes Liebeslied. Er machte viele Abschriften davon und schickte sie an seine Freunde und Bekannten, Männer und Frauen, sogar an eine junge Frau, der er nur ein Mal begegnet war und die jenseits der Berge lebte.

Nach ein oder zwei Tagen kam ein Bote von der jungen Frau und überbrachte einen Brief. Darin sagte sie: »Ich versichere dir, ich bin tief berührt von dem Liebeslied, das du mir geschrieben hast. Komm geschwind zu meinem Vater und meiner Mutter, damit wir die Verlobung vorbereiten.«

Der Dichter antwortete auf den Brief und schrieb: »Meine Freundin, es war nur ein Liebeslied aus dem Herzen eines Dichters, das jeder Mann zu jeder Frau singt.«

Sie schrieb ihm zurück: »Heuchler und Lügner in Worten! Von heute an bis zu meinem Todestag werde ich alle Dichter deinetwegen hassen.«

TRÄNEN UND GELÄCHTER

Eines Abends begegneten sich am Ufer des Nils eine Hyäne und ein Krokodil. Sie hielten inne und grüßten einander.

Die Hyäne sagte: »Wie geht es Ihnen, mein Herr?«

Das Krokodil antwortete: »Es geht mir schlecht. Manchmal weine ich vor Kummer und Schmerz, und die anderen Tiere sagen nur immer: ›Das sind nur Krokodilstränen.‹ Und das verletzt mich über alles.«

Da sagte die Hyäne: »Sie sprechen von Ihrem Kummer und Ihrem Schmerz, doch denken Sie nur einen Augenblick an mich. Ich bestaune die Schönheit der Welt und ihre Wunder, und aus schierer Freude lache ich, so wie der Tag lacht. Und die Bewohner des Dschungels sagen: ›Es ist nur das Lachen einer Hyäne.‹«

AUF DEM JAHRMARKT

Auf dem Jahrmarkt erschien einmal ein Mädchen vom Lande, das sehr hübsch war. Eine Lilie und eine Rose schmückten ihr Gesicht. Ihr Haar war der Sonnenuntergang und das Morgenrot lächelte von ihren Lippen.

Kaum war die reizende Fremde erschienen, traten ihr die jungen Männer näher und belagerten sie. Der eine wollte mit ihr tanzen, der andere wollte ihr zu Ehren einen Kuchen anschneiden. Und alle wollte sie sie auf die Wange küssen, denn war nicht schließlich Jahrmarkt?

Das Mädchen aber war entrüstet und begann, schlecht über die jungen Männer zu denken. Sie tadelte sie, und einem oder zwei von ihnen schlug sie gar ins Gesicht und lief davon.

Abends, auf dem Weg nach Hause, sagte sie sich in ihrem Herzen: »Ich bin empört! Wie rüpelhaft und schlecht erzogen sind doch diese Männer. Das ist nicht zu ertragen!«

Ein Jahr verging, in dem das hübsche Mädchen viel über Jahrmärkte und Männer nachsann. Da suchte sie wieder den Jahrmarkt auf, ihr Gesicht von einer Lilie und einer Rose geschmückt, der Sonnenuntergang in ihrem Haar und das Lächeln des Morgenrots auf ihren Lippen. Doch den ganzen Tag schenkte ihr keiner Beachtung, sie blieb allein.

Am Abend, auf dem Heimweg, klagte sie in ihrem Herzen: »Ich bin empört! Wie rüpelhaft und schlecht erzogen sind doch diese jungen Männer. Das ist nicht zu ertragen!«

DIE BEIDEN PRINZESSINNEN

In der Stadt Schawakis lebte ein Prinz, der von allen geliebt wurde, von Männern und Frauen und Kindern. Sogar die Tiere auf dem Feld kamen zu ihm und grüßten ihn. Doch alle Leute sagten, seine Frau, die Prinzessin, liebe ihn nicht; nein, sie hasse ihn sogar.

Eines Tages kam die Prinzessin einer benachbarten Stadt, um die Prinzessin von Schawakis zu besuchen. Sie saßen beieinander und redeten, und schließlich sprachen sie über ihre Ehegatten.

Die Prinzessin von Schawakis sagte voller Leidenschaft: »Ich beneide dich um dein Glück mit dem Prinzen, deinem Gemahl, das währt, obwohl ihr schon viele Jahre miteinander verheiratet seid. Ich hasse meinen Gemahl. Denn er gehört nicht mir allein. Fürwahr, ich bin die unglücklichste aller Frauen.«

Die Prinzessin, die sie besuchte, blickte sie an und sagte: »Meine Freundin, in Wahrheit liebst du deinen Gemahl. Ja, und deine Leidenschaft für ihn ist nicht erloschen. Das Leben einer Frau gleicht dem Frühling in einem Garten. Doch mich und meinen Gemahl bemitleide, denn wir ertragen uns nur in stiller Duldsamkeit. Und du und die anderen halten dies für Glück.«

DER BLITZ

Es war an einem stürmischen Tag, und ein christlicher Bischof war in seiner Kathedrale, als eine Heidin erschien und sagte: »Ich bin keine Christin. Gibt es für mich Erlösung vom Höllenfeuer?«

Der Bischof sah die Frau an und antwortete ihr: »Nein, es gibt nur Erlösung für jene, die mit Wasser und Geist getauft wurden.«

Nachdem er gesprochen hatte, schlug ein Blitz mit Getöse vom Himmel in die Kathedrale ein und entfachte ein Feuer.

Da rannten die Männer der Stadt herbei und retteten die Frau, der Bischof aber wurde von den Flammen verzehrt.

DER EREMIT UND DIE TIERE

Einst lebte zwischen grünen Hügeln ein Einsiedler. Er war reinen Geistes und besaß ein unschuldiges Herz. Alle Tiere der Erde und alle Vögel des Himmels gesellten sich paarweise zu ihm und er sprach zu ihnen. Sie hörten ihm gern zu, sie setzten sich in seine Nähe und gingen erst bei Einbruch der Nacht, wenn er sie wegschickte und sie mit seinem Segen dem Wind und den Wäldern anvertraute.

Eines Abends, als er von Liebe sprach, hob ein Leopard den Kopf und sagte zu dem Einsiedler: »Ihr erzählt uns von Liebe. Sagt mir, mein Herr, wo ist Ihre Gefährtin?«

»Ich habe keine«, erwiderte der Einsiedler.

Da erhob sich ein gewaltiger Aufschrei der Verwunderung aus der Versammlung der Tiere und Vögel und sie sagten sich einander: »Wie kann er von Liebe und Hochzeit reden, wenn er selbst nichts davon weiß?« Und in aller Stille und Verachtung ließen sie ihn allein.

In dieser Nacht lag der Einsiedler auf dem Bauch und vergrub sein Gesicht in seiner Matte. Er weinte bitterlich und schlug seine Hände gegen seine Brust.

DER PROPHET UND DAS KIND

Eines Tages traf der Prophet Scharia in einem Garten ein Kind. Das Kind lief ihm entgegen und sagte: »Guten Morgen, mein Herr!«, und der Prophet sagte: »Guten Morgen, mein Herr!« und fügt sogleich hinzu: »Ich sehe, du bist allein.«

Da lachte das Kind und sagte erfreut: »Es brauchte eine Weile, um mich vor meiner Amme zu verstecken. Sie glaubt, ich wäre hinter den Hecken; doch wie du siehst, bin ich hier!« Dann blickte er in das Gesicht des Propheten und sprach weiter: »Du bist auch allein. Was hast du mit deiner Amme angestellt?«

Der Prophet antwortete: »Ach, das ist etwas anderes. In Wahrheit kann ich ihr nur selten entfliehen. Doch jetzt, als ich diesen Garten betrat, suchte sie mich hinter den Hecken.«

Das Kind klatschte in die Hände und rief: »Du bist also wie ich! Ist es nicht gut, wenn man verloren geht?« Und dann fragte er: »Wer bist du?«

Der Mann antwortete: »Man nennt mich den Propheten Scharia. Doch sage mir, wer bist du?«

»Ich bin nur ich selbst«, sagte das Kind, »und meine Amme sucht nach mir, und sie weiß nicht, wo ich bin.«

Da blickte der Prophet in den Himmel und sagte: »Auch ich bin eine Weile meiner Amme entkommen, aber sie wird mich finden.«

Und das Kind sagte: »Ich weiß, meine wird mich auch wiederfinden.«

In diesem Moment war eine Frauenstimme zu vernehmen, die den Namen des Kindes rief.

»Siehst du«, sagte das Kind, »ich sagte dir ja, sie würde mich finden.«

Im selben Augenblick erklang eine andere Stimme: »Wo bist du, Scharia?«

Der Prophet sprach: »Siehst du, mein Kind, meine fand mich auch.« Scharia wandte sein Gesicht himmelwärts und antwortete: »Hier bin ich.«

DIE PERLE

Eine Auster sagte zu einer Nachbarin: »Es ist etwas in mir, das mir großen Schmerz bereitet. Es ist schwer und rund und ich quäle mich.«

Die andere Auster antwortete mit selbstgefälligem Hochmut: »Gelobt sei der Himmel und das Meer, ich habe nichts, das mir Schmerzen bereitet. Ich bin gesund und unversehrt, innen und außen.«

In diesem Moment kam eine Krabbe vorbei und hörte die beiden Austern. Sie sagte zu der, der es gut ging, die innen und außen unversehrt war: »Ja, du bist gesund und unversehrt. Doch den Schmerz, den deine Nachbarin erleidet, verursacht eine Perle von unermesslicher Schönheit.«

KÖRPER UND SEELE

Ein Mann und eine Frau sassen an einem Fenster, das sich dem Frühling zu öffnete. Sie schmiegten sich aneinander. Und die Frau sagte: »Ich liebe dich. Du bist anziehend, du bist reich und du bist immer gut gekleidet.«

Der Mann sagte: »Ich liebe dich. Du bist ein schöner Gedanke, etwas, das zu einmalig ist, um es fest in der Hand zu halten, ein Lied in meinem Traum.«

Da wandte sich die Frau wütend von ihm ab und sagte: »Mein Herr, bitte verlass' mich auf der Stelle. Ich bin kein Gedanke, und ich bin kein Etwas, das in deinen Träumen geschieht. Ich bin eine Frau. Ich möchte, dass du mich als Frau begehrst und als Mutter ungeborener Kinder.«

Da gingen sie auseinander.

Der Mann sagte in seinem Herzen: »Siehe, ein weiterer Traum, der sich gerade in Nebel verwandelt hat.«

Und die Frau sagte: »Nun, was ist das für ein Mann, der mich in einen Nebel und einen Traum verkehrt?«

DER KÖNIG

Das Volk des Königreichs Sadik belagerte den Palast seines Monarchen und begehrte gegen ihn auf. Da kam der König die Palaststufen hinunter, seine Krone in einer Hand und sein Zepter in der anderen. Seine majestätische Erscheinung brachte die Menge zum Schweigen, und er trat vor das Volk und sagte: »Meine Freunde, nicht länger sollt ihr meine Untertanen sein. Ich gebe euch meine Krone und mein Zepter. Ich will einer von euch sein. Ich bin nur ein einzelner Mann, aber als Mann will ich mit euch gemeinsam arbeiten, dass unser Los sich bessert. Einen König brauchen wir nicht. Lasst uns also zu den Feldern und Weinbergen schreiten und Hand in Hand zusammenarbeiten. Ihr müsst mir nur sagen, zu welchem Feld oder Weinberg ich gehen soll. Ihr seid jetzt alle König.«

Und das Volk wunderte sich, Stille breitete sich aus. Der König, den das Volk als den Ursprung der Unzufriedenheit angesehen hatte, gab ihnen nun seine Krone und sein Zepter und wurde einer von ihnen.

Da ging jeder seines Weges, und der König ging mit einem Mann zu einem Feld.

Doch dem Königreich Sadik ging es ohne einen König nicht besser, und der Nebel der Unzufriedenheit lag immer noch über dem Land. Die Leute auf den Marktplätzen riefen, dass sie doch einen König hätten, der sie regieren könne. Und Alt und

Jung sprachen wie mit einer Stimme: »Wir wollen unseren König wieder.«

Da suchten sie ihn und fanden ihn schuftend auf einem Feld. Sie brachten ihm seinen Thron, gaben ihm seine Krone und sein Zepter wieder und sprachen: »Herrsche über uns mit Kraft und Gerechtigkeit.«

Er sprach: »Ich werde euch mit aller Kraft regieren. Mögen mir die Götter des Himmels und der Erde beistehen, damit ich auch mit Gerechtigkeit regiere.«

Gleich traten ihm Männer und Frauen entgegen und erzählten ihm von einem Baron, der sie schlecht behandele, dem sie nur Sklaven seien.

Der König ließ gleich den Baron herbringen und sagte zu ihm: »In Gottes Maß ist das Leben eines Menschen genauso viel Wert wie jedes andere. Und weil du den Wert des Lebens derer, die in deinen Feldern und Weinbergen arbeiten, nicht achtest, seist du verbannt. Verlasse dieses Königreich für immer.«

Am nächsten Tag trat eine weitere Gruppe vor den König und erzählte von der Grausamkeit einer Gräfin jenseits der Berge, und wie sie sie alle ins Elend stütze. Unverzüglich wurde die Gräfin vor Gericht gestellt. Der König verurteilte sie ebenfalls zur Verbannung. Und er sagte: »Diejenigen, die unsere Felder bestellen und sich um unsere Weinberge kümmern, sind edler als wir, die wir das Brot essen, das sie zubereiten, und den Wein trinken, den sie keltern. Und weil du dies missachtest, sollst du dieses Land verlassen. Geh weit weg von diesem Königreich.«

Da traten andere Männer und Frauen näher, die erzählten, dass der Bischof sie dazu anhielte, Steine für die Kathedrale zu beschlagen und herbeizuschaffen. Er aber gäbe ihnen keinen Lohn, dabei wussten sie, dass die Truhen des Bischofs voller Gold und Silber waren, während sie selber Hungers litten.

Der König rief den Bischof, und nachdem dieser erschienen war, sprach er: »Dieses Kreuz, das du auf deiner Brust trägst, bedeutet, dass man dem Leben Leben schenken soll. Du aber nimmst dem Leben das Leben und hast nichts gegeben. Deshalb verlasse dieses Königreich und kehre nie wieder zurück.«

So kamen einen ganzen Mond lang jeden Tag Männer und Frauen zum König und erzählten ihm von den Lasten, die man ihnen auferlegt hatte. Und den ganzen Mond lang vertrieb der König jeden Tag die Unterdrücker aus dem Land. Das Volk von Sadik war erstaunt und jubelte in seinem Herzen.

Eines Tages erschienen Alt und Jung vor der Festung des Königs und riefen nach ihm. Er stieg hinunter, seine Krone in einer Hand und sein Zepter in der anderen, und sprach: »Nun, was würdet Ihr mit mir machen? Seht, ich gebe Euch das zurück, was Ihr von mir verlangt habt.«

Sie aber riefen. »Nein, nein, Ihr seid unser rechtmäßiger König. Ihr habt das Land von den Schlangen gereinigt, und Ihr habt die Wölfe vernichtet. Wir kommen, um Euch in Dankbarkeit zu besingen. Die Krone seid Ihr in Eurer Hoheit und das Zepter Ihr in Eurer Herrlichkeit.«

Da sagte der König: »Nicht ich, nicht ich! Ihr selbst seid König! Als Ihr mich für schwach und für einen unerträglichen Regenten hieltet, wart Ihr selbst schwach und unerträglich. Jetzt geht es dem Lande gut, denn es liegt in Eurem Willen. Ich bin nur der Gedanke im Kopf von Euch allen, und ich existiere nur in Euren Taten. Es gibt keine solche Person wie einen Regenten. Nur Regierte gibt es, die sich selbst gebieten.«

Da ging der König in seine Festung zurück samt Krone und Zepter. Alt und Jung gingen ihrer Wege und waren zufrieden. Und jeder einzelne von ihnen hielt sich selbst für einen König mit einer Krone in der einen Hand und einem Zepter in der anderen.

IM SAND

Ein Mann sagte zum anderen: »Vor langer Zeit schrieb ich während der Flut des Meeres mit der Spitze meines Stocks eine Zeile in den Sand. Das Volk hielt ein, um sie zu lesen, und es behütet sie, dass sie nicht verlischt.«

Der andere Mann sprach: »Auch ich schieb eine Zeile in den Sand, doch war es bei Ebbe, und die Wellen des weiten Meeres wuschen sie hinweg. Aber sag mir, was hast du geschrieben?«

Der erste der Männer antwortete: »Ich schrieb: ›Ich bin der, der ist.‹ Aber was hast du geschrieben?«

Und der andere Mann sagte: »Ich schrieb: ›Ich bin nur ein Tropfen aus diesem großen Ozean.‹«

DIE DREI GESCHENKE

In der Stadt Bischarri lebte einst ein gnädiger Prinz, der von allen seinen Untertanen geliebt und geehrt wurde. Doch gab es auch einen überaus armen Mann, der über den Prinzen verbittert war und seine Schmähungen stets mit giftiger Zunge erneuerte.

Der Prinz wusste das, blieb aber geduldig. Doch schließlich besann er sich. In einer winterlichen Nacht kam ein Diener des Prinzen an die Tür des Mannes. Er trug einen Sack Mehl, einen Beutel Seife und einen Kegel Zucker bei sich.

Der Diener sprach: »Der Prinz schickt dir diese Geschenke als Zeichen seines Gedenkens.«

Der Mann war begeistert, denn er dachte, die Geschenke seien eine Hommage des Prinzen. Und in seinem Stolz gingen wir zum Bischof und erzählten ihm, was der Prinz getan hatte: »Siehst du denn nicht, wie gut es der Prinz mit mir meint?«

Doch der Bischof sagte: »O, wie weise der Prinz doch ist, und wie wenig du verstehst. Er spricht in Symbolen. Das Mehl ist für den leeren Magen, die Seife für die schmutzige Haut und der Zucker für die bittere Zunge.«

Von diesem Tag an verzagte der Mann, sogar vor sich selbst. Sein Hass auf den Prinzen war größer denn je, und noch mehr hasste er den Bischof, der ihm offenbart hatte, was der Prinz meinte. Doch von nun an schwieg er still.

FRIEDEN UND KRIEG

DREI HUNDE REKELTEN SICH IN DER SONNE und unterhielten sich.

Der erste Hund sagte verträumt: »Fürwahr, es ist erstaunlich, in diesen Tagen der Hundereiche zu leben. Bedenkt die Leichtigkeit, mit der wir unter dem Meer, auf der Erde und sogar am Himmel reisen können. Und gedenkt einen Moment lang all der Erfindungen, die man zum Wohle der Hunde hervorbrachte, sogar für unsere Augen, Ohren und Nasen.«

Der zweite Hund sagte: »Wir sind verständiger in der Kunst geworden. Wir bellen den Mond rhythmischer an als unsere Ahnen. Und wenn wir uns im Wasser betrachten, erkennen wir, dass unsere Gesichtszüge klarer sind als die von gestern.«

Dann hob der dritte Hund an und sagte: »Doch was mich am meisten interessiert und meinen Verstand betört, ist das friedliche Verständnis zwischen den Hundereichen.«

In diesem Moment schauten sie auf, und siehe da, es näherte sich der Hundefänger.

Die drei Hunde sprangen auf und wetzten die Straße hinunter. Während sie rannten, sagte der dritte Hund: »Um Himmels willen, lauft um euer Leben. Die Zivilisation ist hinter uns her.«

DIE TÄNZERIN

Einst kam eine Tänzerin mit ihren Musikern an den Hof des Prinzen von Birkascha. Man ließ sie vor, und sie tanzte vor dem Prinzen zur Musik von Laute, Flöte und Zither.

Sie tanzte den Tanz der Flammen und den Tanz der Schwerter und Speere. Sie tanzte den Tanz der Sterne und den Tanz des Alls. Und schließlich tanzte sie den Tanz der Blumen im Wind.

Danach trat sie vor des Prinzen Thron und verneigte sich vor ihm. Der Prinz befahl ihr, näher zu treten, und sprach: »Schöne Frau, Tochter der Anmut und des Vergnügens, woher kommt deine Kunst? Wie schaffst du es, alle Elemente in deine Rhythmen und Reime zu befehlen?«

Die Tänzerin verneigte sich erneut und antwortete: »Mächtige und gnädige Hoheit, die Antwort auf Eure Fragen kenne ich nicht. Nur dies weiß ich: Die Seele des Philosophen wohnt in seinem Kopf, die Seele des Dichters ist im Herzen. Die Seele des Sängers weilt in seinem Hals, doch die Seele der Tänzerin wohnt in ihrem ganzen Leib.«

DIE BEIDEN SCHUTZENGEL

Eines Abends trafen sich zwei Engel am Stadttor. Sie grüßten einander und unterhielten sich.

Der eine Engel sagte: »Was machst du gerade, welche Aufgabe hat man dir zugewiesen?«

Der andere antwortete: »Mir wurde zuteil, der Hüter eines gefallenen Mannes zu sein, der unten im Tal lebt, ein großer Sünder, der große Schuld auf sich geladen hat. Ich versichere dir, es ist eine wichtige Aufgabe. Ich arbeite hart.«

Der erste Engel sagte: »Das ist eine leichte Aufgabe. Ich kannte viele Sünder und war oft ihr Beschützer. Aber jetzt hat man mir zugewiesen, der Hüter des guten Heiligen zu sein, der in einer Laube da drüben lebt. Und ich versichere dir, dies ist eine äußerst schwierige und tückische Arbeit.«

Der erste Engel sagte: »Das glaubst du nur. Wie kann der Schutz für einen Heiligen schwerer sein als der für einen Sünder?«

Der andere erwiderte: »Welch eine Frechheit, mich als unverschämt zu bezeichnen! Ich sprach nur die Wahrheit. Ich denke, du bist es, der unverschämt ist!«

Da stritten und kämpften die Engel, zuerst mit Worten und dann mit Fäusten und Flügeln.

Während sie kämpften, näherte sich ein Erzengel. Er gebot ihnen, einzuhalten, und sagte: »Warum kämpft ihr? Und worum geht es dabei? Wisst ihr denn nicht, dass es sich für Schutzengel nicht geziemt, am Stadttor zu kämpfen? Sagt mir, worum geht es bei eurem Streit?«

Darauf sprachen beide Engel zugleich, und jeder behauptete, dass die ihm zugewiesene Aufgabe schwerer sei und dass er die größere Anerkennung dafür verdiene.

Der Erzengel schüttelte den Kopf und betrachtete sie.

Dann sagte er: »Meine Freunde, ich kann jetzt nicht sagen, wer von euch mehr Anspruch auf Ehre und Belohnung hat. Doch weil es in meiner Macht steht, um des Friedens und der guten Schutzherrschaft willen, gebe ich jedem von euch die Aufgabe des anderen. Denn jeder von euch besteht ja darauf, dass die Aufgabe des anderen die einfachere sei. Darum geht jetzt von dannen und seid glücklich mit euren neuen Aufgaben.«

So befohlen, gingen die beiden Engel ihres Weges. Doch beide blickte sie sich mit größter Verbitterung nach dem Erzengel um. In ihren Herzen sagten beide: »Ach, diese Erzengel! Jeden Tag machen sie uns Engeln das Leben schwerer und schwerer!«

Der Erzengel aber stand da und grübelte. Und er sprach in seinem Herzen: »Fürwahr, wir müssen wachsam sein und ein Auge auf unsere Schutzengel werfen.«

DIE STATUE

Einst lebte ein Mann in den Bergen. Er besaß eine Büste, die ein alter Meister erschaffen hatte. Sie lag an seiner Tür mit dem Gesicht nach unten und er achtete nicht darauf.

Eines Tages kam ein Mann aus der Stadt, ein Mann des Wissens. Er ging an seinem Haus vorbei und entdeckte die Büste. Und er fragte ihren Besitzer, ob er sie kaufen könne.

Dieser lachte und sagte: »Behüte! Wer wird diesen langweiligen und schmutzigen Stein wohl kaufen wollen?«

Der Mann aus der Stadt sagte: »Ich gebe dir dieses Silberstück dafür.«

Der andere Mann erstaunte und war erfreut.

Auf dem Rücken eines Elefanten wurde die Büste schließlich in die Stadt gebracht.

Nach vielen Monden besuchte der Mann aus den Bergen die Stadt. Und als er durch die Straßen wanderte, sah er eine Menschenmenge vor einem Geschäft, und ein Mann mit einer lauten Stimme rief: »Tretet ein und seht die schönste, die wunderbarste Büste der ganzen Welt. Nur zwei Silberstücke kostet es, dieses wunderbare Werk eines Meisters zu betrachten.«

Der Mann aus den Bergen bezahlte daraufhin zwei Silberstücke und betrat den Laden, um die Büste zu sehen, die er selbst für ein Silberstück verkauft hatte.

DER TAUSCH

Einst traf ein armer Dichter an einer Kreuzung auf einen reichen Dummkopf, und sie unterhielten sich. Alles, was sie sagten, offenbarte nichts als ihre ganze Unzufriedenheit.

Dann kam der Engel der Straße vorüber und legte seine Hand auf die Schultern der beiden Männer.

Und siehe, ein Wunder geschah: Beide Männer hatten ihren Besitz getauscht.

Sie gingen auseinander. Doch seltsamerweise fand der Dichter nichts als trockenen Sand, der aus seinen Händen rieselte, und der Dummkopf schloss seine Augen und fühlte nichts als eine vorüberziehende Wolke in seinem Herzen.

LIEBE UND HASS

EINE FRAU SAGTE ZU EINEM MANN: »Ich liebe dich.« Und der Mann sprach: «Es liegt mir sehr am Herzen, dass ich dir deiner Liebe würdig werde.«

Die Frau sagte: »Liebst du mich nicht?«

Und der Mann schaute sie nur an und schwieg. Dann rief die Frau laut: »Ich hasse dich.«

Und der Mann sagte: »Dann liegt es mir auch am Herzen, dass ich dir deines Hasses würdig werde.«

TRÄUME

EIN MANN TRÄUMTE EINEN TRAUM, und nachdem er erwacht war, ging er zu seinem Wahrsager und wünschte, dass ihm der Traum gedeutet würde.

Der Wahrsager sprach zu dem Mann: »Kommt zu mir mit den Träumen, die Euch im Wachsein ereilen, und ich werde sie Euch deuten. Die Träume Eures Schlafes gehören weder in das Reich meiner Weisheit noch zu Eurer Fantasie.«

DER NARR

Im Garten eines Irrenhauses traf ich einen jungen Mann mit einem blassen, liebenswürdigen und rätselhaften Gesicht. Ich nahm neben ihn auf die Bank platz und fragte: »Warum bist du hier?«

Er sah mich verwundert an und sagte: »Diese Frage geziemt sich nicht, doch will ich sie dir beantworten.

Mein Vater will mich zu einer Kopie seiner selbst machen, mein Onkel ebenso. Meine Mutter will, dass ich wie ihr berühmter Vater werde. Meine Schwester weist mir das Bild ihres seefahrenden Gatten als perfektes Vorbild, dem ich nachstreben soll. Und mein Bruder denkt, ich solle wie er werden, ein guter Athlet.

Auch meine Lehrer, der Doktor der Philosophie und der Musikmeister und der Logiker, auch sie waren entschlossen, und jeder betrachtete mich nur als Spiegel seines eigenen Antlitzes.

Deshalb kam ich an diesen Ort. Hier ist es vernünftiger. Denn hier kann ich wenigsten ich selbst sein.«

Dann wandte er sich plötzlich an mich und sagte: »Aber sag mir, haben dich auch Bildung und guter Rat an diesen Ort verschlagen?«

Da erwiderte ich: »Nein, ich bin ein Besucher.«

Und er antwortete: »O, du bist einer von denen, die im Irrenhaus auf der anderen Seite der Mauer leben.«

DIE FRÖSCHE

Eines Sommertags sagte ein Frosch zu seinem Gefährten: »Ich fürchte, die Menschen in diesem Haus am Ufer fühlen sich von unseren nächtlichen Gesängen belästigt.«

Sein Gefährte antwortete: »Nun, stören sie denn bei Tage nicht unsere Stille mit ihrem Gerede?«

Der Frosch sagte: »Lass uns nicht vergessen, dass wir bei Nacht zu laut singen.«

Und sein Gefährte antwortete: »Lass uns nicht vergessen, dass sie bei Tage in Übermaß plappern und herumbrüllen.«

Der Frosch sagte: »Was ist mit dem Ochsenfrosch, der die ganze Nachbarschaft mit seinem gottverbotenem Gedröhns zur Last fällt?«

Und sein Gefährte antwortete: »Ja, und was hältst du von dem Politiker und dem Priester und dem Wissenschaftler, die an dieses Ufer kommen und die Luft mit lauten und reimlosen Geräuschen schwängern?«

Da sagte der Frosch: »Nun, lass uns diesen Menschen ein Vorbild sein. Lass uns nachts still bleiben und unsere Lieder in unseren Herzen aufbewahren, auch wenn der Mond nach unserem Rhythmus ruft und die Sterne nach unserem Reim verlangen. Lass uns wenigstens für ein oder zwei Nächte schweigen, oder sogar für drei.«

Sein Gefährte sagte: »Nun gut, so soll es sein. Wir werden sehen, was dein großzügiges Herz bewirken wird.«

In dieser Nacht schwiegen die Frösche. Sie schwiegen auch in der folgenden Nacht und wieder in der dritten.

Doch seltsamerweise kam die geschwätzige Frau, die im Haus am See lebte, am dritten Tag zum Frühstück herunter und rief ihrem Mann zu: »Ich habe in den letzten drei Nächten nicht ein Auge zugetan. Ich hatte einen sicheren Schlaf, als der Lärm der Frösche in mein Ohr drang. Es muss aber etwas passiert sein. Seit drei Nächten schweigen sie. Ich werde fast verrückt vor Schlaflosigkeit.«

Der Frosch hörte das, drehte sich zu seinem Gefährten um und sagte mit einem Augenzwinkern: »Und wir wurden fast verrückt von unserem Schweigen, nicht wahr, mein Freund?«

Sein Gefährte antwortete: »Ja, die Stille der Nacht lastete schwer auf uns. Und ich sehe jetzt, es ist nicht nötig, dass wir aufhören zu singen, weil wir jene trösten wollen, die ihre Leere mit Lärm füllen müssen.«

In dieser Nacht rief der Mond nicht umsonst nach ihrem Rhythmus und die Sterne nicht umsonst nach ihrem Reim.

GESETZE UND GESETZGEBUNG

Vor langer Zeit gab es einen großen König, der sehr weise war, und er wollte für seine Untertanen Gesetze erlassen.

Er rief tausend Weise aus tausend verschiedenen Stämmen in die Hauptstadt, dass sie die Gesetze entwarfen.

Und all das geschah.

Doch als die tausend Gesetze, die auf Pergament geschrieben waren, dem König vorgelegt wurden und er sie las, weinte er bitterlich in seiner Seele. Er hatte nicht gewusst, dass es in seinem Königreich tausend Formen des Verbrechens gab.

Da rief er seinen Schreiber, und mit einem Lächeln auf dem Lippen diktierte er selbst Gesetze. Es waren derer nur sieben.

Die tausend Weisen aber ließen ihn im Zorn zurück und kehrten zu ihren Stämmen zurück mit den Gesetzen, die sie geschrieben hatten. Und jeder Stamm folgte den Gesetzen jener Weisen.

Deshalb haben sie tausend Gesetze, bis zum heutigen Tage. Es ist ein großes Land, aber es hat tausend Gefängnisse, und die Gefängnisse sind voller Frauen und Männer, die tausend Gesetze gebrochen haben.

Wahrlich, es ist ein großes Land, aber sein Volk ist Nachkomme von tausend Gesetzgebern und von nur einem weisen König.

GESTERN, HEUTE UND MORGEN

Ich sagte zu meinem Freund: »Siehst du, wie sie sich auf den Arm dieses Mannes lehnt. Es war erst gestern, als sie sich so auf meinen Arm lehnte.«

Mein Freund sagte: »Und morgen wird sie sich auf meinen lehnen.«

Ich sagte: »Sieh doch, wie dicht sie sich an seine Seite drängt. Gestern noch schmiegte sie sich so an mich.«

Und er antwortete: »Morgen wird sie neben mir sitzen.«

Ich sagte: »Sie trinkt Wein aus seinem Becher, gestern hat sie aus meinem getrunken.«

Und er sagte: »Und Morgen aus meinem.«

Da sagte ich: »Sieh, wie sie ihn mit Liebe und treuen Augen ansieht. Gestern schaute sie so auf mich.«

Und mein Freund sagte: »So wird sie mich morgen anschauen.«

Ich sagte: »Hörst du nicht, wie sie ihm jetzt Liebeslieder in die Ohren säuselt? Genau diese Liebeslieder säuselte sie mir noch gestern in meine Ohren.«

Und mein Freund sagte: »Und morgen wird sie sie in meine säuseln.«

Ich sagte: »Siehst du, sie umarmt ihn. Erst gestern umarmte sie mich.«

Und mein Freund sagte: »Morgen liege ich in ihren Armen.«

Da sagte ich: »Was für eine seltsame Frau.«

Aber er antwortete: »Sie ist wie das Leben, das alle Menschen besitzen; und wie der Tod, erobert sie sie alle; und sie umfasst sie alle wie die Ewigkeit.«

DER PHILOSOPH UND DER SCHUSTER

Es kam ein Philosoph mit abgetragenen Schuhen in eine Schusterei. Und der Philosoph sagte zum Schuster: »Bitte flick mir meine Schuhe.«

Der Schuster sagte: »Ich flicke gerade die Schuhe eines anderen Mannes, auch andere Schuhe gilt es noch zu flicken, bevor ich zu deinen kommen kann. Doch lass dein Schuhe hier, trage heute dieses Paar und hole morgen deine Schuhe wieder ab.«

Der Philosoph war empört und sagte: »Ich trage keine Schuhe, die nicht meine eigenen sind.«

Der Schuster antwortete: »Nun gut, doch bist du wirklich ein Philosoph, wenn du an deinen Füße nicht auch die Schuhe eines anderen tragen kannst? In dieser Straße gibt es einen anderen Schuster, der die Philosophen besser versteht als ich. Geh zu ihm zum Flicken.«

BRÜCKENBAUER

In Antiochia, wo der Fluss Assi ins Meer mündet, baute man eine Brücke, um die eine Hälfte der Stadt mit der anderen zu verbinden. Die Brücke wurde aus großen Steinen errichtet, die auf den Rücken der Maultiere Antiochias über die Berge geschleppt wurden.

Als die Brücke fertig war, gravierte man auf eine ihrer Säulen in Griechisch und Aramäisch: »Diese Brücke wurde von König Antiochus II. errichtet.«

Alle Menschen gingen über die Brücke und überquerten den gewaltigen Fluss Assi.

Eines Abends stieg ein junger Mann, den einige für etwas verrückt hielten, zur Säule hinab, auf der jene Worte eingraviert waren, und mit Holzkohle schrieb er über die Inschrift: »Die Steine dieser Brücke wurden von den Maultieren über die Berge hergetragen. Wer über diese Brücke geht, reitet auf den Rücken der Maultiere Antiochias, die diese Brücke erbaut haben.«

Als die Leute lasen, was der junge Mann geschrieben hatte, lachten einige von ihnen und andere rätselten. So mancher sagte: »Ja doch, wir wissen, wer das geschrieben hat. Ist er nicht ein wenig verrückt?«

Da sage ein Maultier lachend zu einem anderen: »Weißt du nicht mehr, dass wir diese Steine trugen? Und hat man bisher nicht behauptet, dass diese Brücke von König Antiochus gebaut wurde.«

DAS FELD VON ZAAD

Auf der Strasse von Zaad traf ein Reisender auf einen Mann, der in einem nahe gelegenen Dorf lebte, und der Reisende, der mit der Hand auf ein riesiges Feld deutete, fragte den Mann: »War dies nicht der Kampfplatz, auf dem König Ahlam seine Feinde besiegte?«

Der Mann antwortete: »Das ist noch nie ein Kampfplatz gewesen. Auf diesem Feld stand einst die große Stadt Zaad, und sie wurde zu Asche verbrannt. Aber jetzt ist es ein gutes Feld, nicht wahr?«

Und der Reisende und der Mann gingen ihrer Wege.

Keine halbe Meile weiter traf der Reisende einen anderen Mann und zeigte wieder auf das Feld: »Dort stand also einst die große Stadt Zaad?«

Und der Mann sprach: »Es gab noch nie eine Stadt an diesem Ort. Aber einst gab es hier ein Kloster, das die Menschen aus dem Südland zerstört haben.«

Kurz darauf, auf der Straße von Zaad, traf der Reisende einen dritten Mann und zeigte noch einmal auf das riesige Feld: »Ist es nicht wahr, dass dies der Ort ist, an dem einst ein großes Kloster stand?«

Aber der Mann antwortete: »Es gab noch nie ein Kloster in dieser Gegend, aber unsere Väter und Ahnen erzählten uns, dass auf dieses Feld einst ein großer Meteorit fiel.«

Dann ging der Reisende weiter und wunderte sich. Er traf einen sehr alten Mann, grüßte und sagte: »Mein Herr, auf dieser Straße traf ich drei Männer, die in dieser Gegend leben. Jeden von ihnen befragte ich nach diesem Feld, und jeder von ihnen leugnete, was der andere gesagt hatte, und jeder hat mir eine andere Geschichte erzählt.«

Da hob der alte Mann den Kopf und antwortete: »Mein Freund, jeder dieser Männer sagte dir, was tatsächlich geschehen war. Doch nur wenige von uns sind in der Lage, Tatsache für Tatsache zusammenzufügen und daraus eine Wahrheit zu machen.«

DER GOLDENE GÜRTEL

Einst gingen zwei **Männer,** die sich auf der Straße getroffen hatten, zusammen nach Salamis, der Stadt der Säulen. Am Nachmittag kamen sie an einen breiten Fluss und es gab keine Brücke, um ihn zu überqueren. Sie mussten schwimmen oder einen anderen, ihnen unbekannten Übergang suchen.

Da sagten sie beide: »Lass uns schwimmen. Alles in allem ist der Fluss gar nicht so breit.« Und sie warfen sich ins Wasser und schwammen.

Einer der Männer, der schon oft durch Flüsse geschwommen war, verlor in der Mitte des Stroms den Halt und wurde von den rauschenden Wassern fortgerissen. Der andere aber, der noch nie zuvor durch einen Fluss geschwommen war, durchquerte ihn auf geradem Wege und blickte sich am entfernten Ufer um. Als er seinen Begleiter noch immer mit dem Strom ringen sah, warf er sich wieder ins Wasser und brachte ihn sicher ans Ufer.

Der Mann, den die Strömung mitgerissen hatte, sagte: »Sagtest du mir nicht, du kannst nicht schwimmen. Wie konntest du dann diesen Fluss mit solcher Sicherheit überwinden?«

Der zweite Mann antwortete: »Mein Freund, siehst du diesen Gürtel um meinen Leib? Er ist voller Goldmünzen, die ich für meine Frau und meine Kinder verdient habe, der Lohn für ein ganzes Jahr harter Arbeit. Es ist das Gewicht dieses Goldgürtels, das mich über den Fluss zu meiner Frau und meinen Kindern trug. Meine Frau und meine Kinder saßen auf meinen Schultern, während ich schwamm.«

Und die beiden Männer gingen gemeinsam weiter nach Salamis.

DIE ROTE ERDE

Sagte ein Baum zu einem Menschen: »Meine Wurzeln sind in der tiefroten Erde, und ich werde dir von meiner Frucht geben.«

Und der Mann sprach zu dem Baum: »Wie ähnlich wir uns sind. Meine Wurzeln stecken auch tief in der roten Erde. Und die rote Erde gibt dir die

Kraft, mir deine Frucht zu schenken, und mich lehrt sie, von dir mit Dank zu empfangen.«

DER VOLLMOND

Der Vollmond ging in seiner ganzen Pracht über der Stadt auf, und alle Hunde der Stadt begannen, ihn anzubellen.

Nur ein Hund bellte nicht, und der sprach mit ernster Stimme zu den anderen: »Weder erweckt ihr die Stille aus ihrem Schlaf, noch holt ihr den Mond mit eurem Bellen auf die Erde herab.«

Da hörten alle Hunde zu bellen auf und schreckliche Stille breitete sich aus. Doch der Hund, der mit ihnen gesprochen hatte, bellte den Rest der Nacht weiter nach der Stille.

DER EINSIEDLERPROPHET

Einst lebte ein Prophet als Eremit, und drei Mal im Monat ging er in die große Stadt hinunter, wo er dem Volk auf den Marktplätzen über das Geben und das Teilen predigte. Er war wortgewandt, sein Ruhm war im ganzen Land bekannt.

Eines Abends kamen drei Männer in seine Einsiedelei. Er begrüßte sie und sie sprachen: »Du predigst über das Geben und das Teilen, und du lehrst, dass die, die viel haben, denen geben sollen, die wenig besitzen. Wir glauben fest daran, dass dein Ruhm dir Reichtümer verschafft hat. Jetzt komm und gib uns von deinen Reichtum, denn wir sind in Not.«

Der Einsiedler antwortete: »Meine Freunde, ich habe nichts als dieses Bett und diese Matte und diesen Krug voller Wasser. Nehmt alles, wenn es nach eurem Willen ist. Ich besitze weder Gold noch Silber.«

Da sahen sie verwirrt auf ihn herab und wandten sich von ihm ab, und der letzte von ihnen blieb einen Moment lang vor der Tür stehen und sagte: »O, du Schwindler! Du Betrüger! Du lehrst und predigst das, was du selbst nicht machst.«

DER ALTE, ALTE WEIN

Es lebte einmal ein reicher Mann, der zu Recht stolz auf seinen Keller und den Wein darin war. In einem Krug bewahrte er den Wein eines sehr alten Jahrgangs auf, der für einen besonderen Anlass bestimmt war.

Als der Gouverneur des Staates ihn besuchte, ging er in sich und sagte sich: »Dieser Krug ist nicht für einen gewöhnlichen Gouverneur bestimmt.«

Und als ein Bischof der Diözese zu ihm kam, sagte er sich: »Nein, diesen Krug will ich nicht öffnen. Er würde weder seinen Wert erkennen, noch würde sein Aroma seine Nase erreichen.«

Auch der Prinz des Reiches kam und aß mit ihm. Aber er dachte sich: »Es ist ein zu königlicher Wein für einen einfachen Prinzen.«

Und selbst am Tage, als sein Neffe heiratete, sagte er sich: »Nein, diesen Gästen soll dieser Wein nicht zu teil werden.«

Die Jahre vergingen, er wurde alt und starb und man begrub ihn wie jeden Samen und jede Eichel.

Am Tage seines Begräbnisses holte man den Krug mit dem alten Wein zusammen mit anderen Krügen aus dem Keller. Die Bauern aus der Nachbarschaft teilten sich ihn. Keiner kannte sein enormes Alter. Für sie ist alles, was in einen Becher gegossen wird, nur Wein.

DIE BEIDEN GEDICHTE

Vor vielen Jahrhunderten, auf einer Straße nach Athen, trafen sich zwei Dichter, und sie freuten sich, einander zu begegnen. Ein Dichter fragte den anderen: »Was hast du in letzter Zeit gedichtet, und wie steht es um dein Leierspiel?«

Der andere Dichter antwortete stolz: »Ich habe gerade mein größtes Gedichte vollendet, vielleicht das größte Gedicht, das je auf Griechisch gedichtet wurde. Es ist ein Gebet auf Zeus, den Höchsten.«

Da holte er unter seinem Umhang ein Pergament hervor und sagte: »Hier, siehe, ich trage es bei mir, und ich möchte es dir gern hier im Schatten dieser weißen Zypresse vortragen.«

Der Dichter trug sein Gedicht vor. Es war ein langes Gedicht.

Und der andere Dichter sagte freundlich: »Das ist ein großes Gedicht. Es wird durch die Zeitalter hindurch fortbestehen, und mit ihm wird man dich stets ehren.«

Der erste Dichter fragte ruhig: »Und was hast du in den letzten Tagen geschrieben?«

Der andere sagte: »Ich schrieb nur wenig. Nur acht Zeilen, die Erinnerung an ein Kind, das in einem Garten spielte.« Und er trug die Zeilen vor.

Der erste Dichter sagte: »Gar nicht so schlecht, gar nicht so schlecht.« Und sie gingen ihrer Wege.

Nun, nach zweitausend Jahren, werden die acht Zeilen des einen Dichters in jeder Sprache gele-

sen, geliebt und geschätzt. Und obwohl das andere Gedicht tatsächlich über die Jahrhunderte in den Bibliotheken und in den Stuben der Gelehrten überdauerte und in Erinnerung blieb, wird es weder geliebt noch gelesen.

LADY RUTH

Drei Männer erblickten einst aus der Ferne ein weißes Haus, das allein auf einem grünen Hügel stand. Einer von ihnen sagte: »Das ist das Haus von Lady Ruth. Sie ist eine alte Hexe.«

Der zweite Mann sagte: »Du irrst dich. Lady Ruth ist eine schöne Frau, die dort lebt und ihren Träumen nachhängt.«

Der dritte Mann sagte: »Ihr beide irrt euch. Lady Ruth ist die Besitzerin dieses riesigen Landes, und ihre Leibeigenen nimmt sie aus, bis aufs Blut.«

Sie gingen weiter und diskutierten über Lady Ruth. Als sie eine Kreuzung erreichten, begegnete ihnen ein alter Mann, und einer von ihnen fragte ihn: »Erzähle uns bitte von Lady Ruth, die dort auf dem Hügel in diesem weißen Haus lebt?«

Der alte Mann hob den Kopf, lächelte und sagte: »Ich bin neunzig Jahre alt. Ich kannte Lady Ruth, als ich noch ein Junge war. Doch Lady Ruth starb vor achtzig Jahren. Jetzt steht das Haus leer. Die Eulen rufen manchmal darin, und die Leute glauben, dass es dort spuke.«

DIE MAUS UND DIE KATZE

Es war einmal an einem Abend, da trafen sich ein Dichter und ein Bauer. Der Dichter war scheu und der Bauer war schüchtern, dennoch sprachen sie miteinander.

Der Bauer sagte: »Lass mich dir eine kleine Geschichte erzählen, die mir in letzter Zeit zugetragen wurde:

Eine Maus war in eine Falle geraten, und während sie glücklich den Käse aß, der darin war, stand eine Katze bereit. Die Maus zitterte eine Weile, aber sie wusste, dass sie in der Falle sicher war.

Da sagte die Katze: ›Du isst deine Henkersmahlzeit, mein Freund.‹

›Ja‹, antwortete die Maus, ›ich habe nur ein Leben, doch dafür auch nur einen Tod. Aber was ist mit dir? Man sagt, du hättest neun Leben. Heißt das nicht, dass du neun Mal sterben musst?‹«

Der Bauer sah den Dichter an und sagte: »Ist das nicht eine seltsame Geschichte?«

Der Dichter antwortete ihm nicht, er ging davon und sagte sich tief im Inneren: »Gewiss, wir haben neun Leben, neun Leben, gewiss. Und neun Mal werden wir sterben, neun Mal sterben wir. Vielleicht wäre es besser, nur ein Leben zu haben, gefangen in einer Falle – das Leben eines Bauern mit einem Stück Käse für die Henkersmahlzeit. Doch sind wir nicht verwandt mit den Löwen der Wüste und des Dschungels?«

DER FLUCH

Ein alter Seemann erzählte mir einmal: »Es ist dreißig Jahre her, dass ein Matrose mit meiner Tochter durchbrannte. Ich verfluchte sie beide zutiefst, denn nichts auf der ganzen Welt liebte ich so wie meine Tochter.

Bald darauf versank der junge Matrose mit seinem Schiff, und mit ihm war auch meine schöne Tochter für mich verloren.

Nun siehe, ich bin der Mörder eines Jungen und eines Mädchens. Es war mein Fluch, der sie vernichtet hat. Jetzt, auf dem Weg ins Grab, suche ich Gottes Vergebung.«

Das sagte der alte Mann. Aber es lag eine Spur Prahlsucht in seinen Worten, und es schien, als ob er immer noch stolz auf die Kraft seines Fluches wäre.

DIE GRANATÄPFEL

Es war einmal ein Mann, der viele Granatapfelbäume in seinem Obstgarten hatte. Im Herbst legte er stets seine Granatäpfel auf silberne Tabletts vor seinem Haus und stellt Schilder davor, auf die er geschrieben hatte: »Nimm einen davon. Du bist willkommen.«

Die Menschen kamen vorbei, doch niemand nahm von den Früchten.

Das brachte den Mann zum Grübeln. Eines Herbstes stellte er keine Granatäpfel mehr auf Silbertabletts vor das Haus, doch schlug er ein großes Schild an, auf dem geschrieben stand: »Wir haben die besten Granatäpfel des Landes, dafür kosten sie auch mehr Silber als alle anderen.«

Und siehe, alle Männer und Frauen aus der Nachbarschaft eilten herbei und kauften.

GOTT UND VIELE GÖTTER

IN DER STADT KILAFIS STAND EIN SOPHIST auf den Stufen des Tempels und predigte viele Götter. Das Volk sprach in seinem Herzen: »Das wissen wir doch. Leben sie nicht bei uns und folgen uns auf unseren Wegen?«

Wenig später kam ein anderer Mann auf den Marktplatz und sagte zu den Leuten: »Es gibt keinen Gott.« Und viele, die ihn angehört hatte, freuten sich über seine Botschaft, denn sie fürchteten sich vor Göttern.

An einem anderen Tag kam ein Mann, der sehr beredt war, und er sagte: »Es gibt nur einen Gott.« Da waren die Menschen bestürzt, denn in ihren Herzen fürchteten sie das Gericht eines einzigen Gottes mehr als das vieler Götter.

In derselben Zeit kam noch ein anderer Mensch, und er sagte zum Volk: »Es gibt drei Götter, doch sie wohnen auf dem Wind wie einer und sie haben eine große und gütige Mutter, die auch ihre Gemahlin und ihre Schwester ist.«

Das tröstete alle, denn sie sagten sich insgeheim: »Drei Götter in einem müssen über unsere Irrtümer uneins bleiben. Zudem wird ihre gütige Mutter bestimmt als Anwalt für uns arme Schwache eintreten.«

Bis zum heutigen Tage streiten sich in der Stadt Kilafis die Leute. Sie streiten um viele Götter und keinen Gott, um einen Gott und drei Götter in einem und um eine gütige Mutter von Göttern.

SIE, DIE TAUB WAR

Einst lebte ein reicher Mann, der eine junge Frau hatte, und sie war stocktaub.

Eines Morgens, beim Frühstück, sagte sie ihm: »Gestern war ich auf dem Marktplatz. Es gab seidene Kleider aus Damaskus und Tücher aus Indien, Halsketten aus Persien und Armbänder aus Yamman. Die Karawanen haben diese Dinge wohl nur in unsere Stadt gebracht. Nun sieh mich an, mich in meinen Lumpen, ich bin doch die Frau eines reichen Mannes. Wie gern besäße ich ein paar dieser schönen Dinge.«

Der Mann, der an seinem Morgenkaffee nippte, sagte: »Meine Liebe, es gibt keinen Grund, warum du nicht auf die Straße gehen und alles kaufen solltest, was dein Herz begehrt.«

Doch die taube Frau sagte: »Nein! Du sagst immer: Nein! Nein! Nein! Muss ich vor unseren Freunden in Fetzen herumlaufen, um deinen Reichtum und meine Familie zu beschämen?«

Der Mann sagte: »Das sagte ich doch gar nicht. Du kannst auf den Marktplatz gehen und die schönsten Kleider und Juwelen kaufen, die in unsere Stadt gekommen sind, ganz nach deinem Belieben.«

Doch wieder nahm die Frau seine Worte falsch auf. Sie antwortete: »Von allen reichen Männern bist du der Geizigste. Du verwehrst mir alles Schöne und Anmutige, während andere Frauen meines

Alters in reicher Kleidung durch die Gärten der Stadt ziehen.«

Sie begann zu weinen, und während sie ihre Brust mit ihren Tränen benetzte, rief sie erneut: »Du sagst immer: Nein, nein, nein und wieder nein zu mir, wenn es mir nach einem Kleid oder einem Edelstein gelüstet.«

Das rührte den Mann. Er stand auf und nahm eine Handvoll Gold aus seiner Tasche, reichte es ihr und sagte mit freundlicher Stimme: »Geh zum Marktplatz, meine Liebe, und kauf alles, was du willst.«

Von diesem Tag an erschien die taube junge Frau, wann immer sie etwas wollte, vor ihrem Mann mit einer Tränenperle im Auge. Da nahm er schweigend eine Handvoll Gold heraus und legte es in ihren Schoß.

Nun geschah es, dass sich die junge Frau in einen jungen Mann verliebte. Dieser hatte die Angewohnheit, lange Reisen zu unternehmen. Wenn er fort war, saß sie an ihrem Fenster und weinte.

Als ihr Mann sie weinend vorfand, sagte er in seinem Herzen: »Es muss eine neue Karawane auf der Straße sein, die seidene Kleider und seltene Juwelen bringt.« Und er nahm eine Handvoll Gold und reichte es ihr.

DIE SUCHE

Es ist tausend Jahre her, da trafen sich zwei Philosophen auf einem Berghang des Libanon, und einer sagte zum anderen: »Wohin gehst du?«

Der andere antwortete: »Ich suche nach der Quelle der Jugend. Ich weiß, dass sie in diesen Bergen entspringt. Ich fand Schriften, die von der Quelle berichten, dass sie zur Sonne emporsteigt. Und du, was suchst du?«

Der erste Mann antwortete: »Ich suche nach dem Geheimnis des Todes.«

Da dachte jeder der beiden Philosophen, dass es dem anderen gehörig an Wissen mangele, und sie stritten sich und bezichtigten sich gegenseitig der geistigen Umnachtung.

Während die beiden Philosophen noch aufbrausend stritten, kam ein Fremder des Weges, ein Mann, der in seinem eigenen Dorf als Dummkopf galt, und als er die beiden so heftig streitend vorfand, blieb er einen Augenblick stehen und hörte sich ihre Argumente an.

Dann trat er ihnen entgegen und sagte: »Meine werten Herren, es scheint, dass ihr beide wirklich zur gleichen Philosophen-Schule gehört und dass ihr von derselben Sache sprecht, nur sprecht ihr in anderen Worten. Einer von euch sucht die Quelle der Jugend, der andere das Geheimnis des Todes. Doch letztlich ist beides eins, und ihr tragt es beide in euch.«

Da wandte sich der Fremde ab und sagte: »Lebt wohl, ihr Weisen!« Während er ihnen den Rücken zukehrte, lachte er nachsichtig.

Die beiden Philosophen sahen sich einen Augenblick schweigend an, und dann lachten auch sie. Einer von ihnen sprach: »Nun, sollten wir uns nicht gemeinsam auf die Suche begeben?«

DAS ZEPTER

Ein König sagte zu seiner Gemahlin: »Madame, Ihr seid nicht wirklich eine Königin. Ihr seid zu vulgär und unfreundlich, um meine Gefährtin zu sein.«

Seine Gemahlin sagte: »Mein Herr, Ihr haltet Euch für einen König. Doch in Wirklichkeit seid Ihr nur ein armseliger Betrüger.«

Diese Worte erzürnten den König. Er nahm das goldene Zepter zur Hand und schlug die Königin damit auf ihre Stirn.

In diesem Augenblick trat der Oberhofmeister ein und sagte: »Gut, gut, gut, Majestät! Dieses Zepter wurde vom größten Künstler des Landes geschaffen. Ach! Eines Tages wird man Euch und die Königin vergessen haben, doch dieses Zepter wird von Generation zu Generation als ein Werk der Schönheit bewahrt werden. Doch nun, da das Blut Ihrer Majestät daran klebt, Sire, wird das Zepter noch bedeutsamer sein.«

DER WEG

In den Bergen lebte eine Frau mit ihrem Sohn. Er war ihr Erstgeborener und ihr einziges Kind. Doch der Junge starb an Fieber, ein Arzt war bei ihm.

Vor Verzweiflung und Trauer schrie die Frau den Arzt an und flehte: »Sagt mir, was war es, das seinem Streben ein Ende setzte und sein Lied verstummen ließ?«

Der Arzt sagte: »Es war das Fieber.«

Und die Mutter erwiderte: »Was ist das, Fieber?«

Der Arzt antwortete: »Ich kann es nicht erklären. Es ist etwas unendlich Kleines, das den Körper heimsucht. Wir können es nicht mit unseren Augen erkennen.«

Der Arzt verließ sie. Und sie sprach immer wieder zu sich: »Etwas unendlich Kleines. Wir können es nicht mit unseren Augen erkennen.«

Am Abend kam schließlich der Priester, um sie zu trösten. Sie weinte und rief: »Ach, warum habe ich meinen Sohn verloren, meinen einzigen Sohn, meinen Erstgeborenen?«

Der Priester antwortete: »Mein Kind, es war der Wille Gottes.«

Und die Frau sprach: »Was ist Gott und wo ist er? Könnte ich ihn sehen, ich würde meinen Busen vor ihm zerreißen und das Blut meines Herzens zu seinen Füßen ausgießen. Sagt mir, wo ich ihn finde.«

Der Priester sagte: »Gott ist unendlich groß. Wir können ihn nicht mit unseren Augen erkennen.«

Da rief die Frau: »Etwas unendlich Kleines hat meinen Sohn durch den Willen des unendlich Großen getötet! Wer sind denn wir? Wer sind wir?«

In diesem Augenblick kam die Mutter der Frau mit dem Leichentuch für den toten Jungen in den Raum. Sie hörte die Worte des Priesters und auch die Klage ihrer Tochter. Und sie legte das Leichentuch ab und nahm die Hand ihrer Tochter in die eigene Hand und sagte: »Meine Tochter, wir selbst sind die unendlich Kleinen und die unendlich Großen, und wir sind der Weg zwischen den beiden.«

DER WAL UND DER SCHMETTERLING

Es war eines Abends, da trafen sich ein Mann und eine Frau in einer Postkutsche wieder. Sie waren sich schon einmal begegnet.

Der Mann war ein Dichter, und während er neben der Frau saß, versuchte er, sie mit Geschichten aufzuheitern. Einige hatte er selbst gedichtet, andere stammten von anderen Poeten.

Doch während er sprach, schlief die Dame ein. Dann ruckte plötzlich die Kutsche und sie erwachte und sagte: »Ihre Interpretation der Geschichte von Jona und dem Wal ist bewundernswert!«

Und der Dichter sagte: »Aber meine Dame, ich erzählte Ihnen eine eigene Geschichte über einen Schmetterling und eine weiße Rose und ihrer Beziehung zueinander!«

DER SCHATTEN

An einem Junitag sagte das Gras zu dem Schatten einer Ulme: »Du wanderst von Links nach Rechts in einem fort, und das raubt mir meinen Frieden.«

Der Schatten antwortete: »Nicht ich! Nicht ich bin es! Schau nach oben. Es ist ein Baum, der sich im Wind von Ost nach West wiegt, zwischen Sonne und Erde.«

Das Gras blickte auf und sah zum ersten Mal den Baum. Und es sprach in seinem Herzen: »Siehe, es gibt ein größeres Gras als mich.« Und das Gras schwieg still.

ANSTECKENDER FRIEDEN

Ein blühender Zweig sagte zu seinem Nachbarn: »Das ist ein langweiliger und trostloser Tag.« Und der andere Zweig antwortete: »Er ist tatsächlich trostlos und öde.«

In diesem Moment ließen sich zwei Spatzen auf Zweigen ganz in der Nähe nieder.

Einer der Spatzen zwitscherte: »Meine Gefährtin hat mich verlassen.«

Und der andere Spatz rief: »Auch meine Gefährtin ist weg, und sie will nicht wiederkommen. Doch was schert mich das?«

Da begannen die beiden Vögel zu zedern und zu schimpfen, und bald kämpften sie miteinander und machten großen Lärm.

Da kamen noch zwei Spatzen vom Himmel daher. Sie ließen sich ruhig neben den beiden Streithähnen nieder. Und die hielten inne und schlossen Frieden.

Dann flogen die vier paarweise davon.

Der erste Zweig sagte zu seinem Nachbarn: »Das war ja ein mächtiger Schlagabtausch.«

Und der andere Zweig antwortete: »Nenn es, wie du willst! Jetzt herrscht jedenfalls Ruhe und Frieden. Und wenn sie oben im Himmel Frieden schließen können, dann sollten wir hier unten, so scheint es mir, auch Frieden schließen können. Willst du nicht im Wind ein wenig näher an mich heranrücken?«

Der erste Zweig sagte: »O vielleicht, um des Friedens willen, bevor der Frühling vorbei ist.«

Und er schwang sich mit einer starken Brise hinüber und umarmte ihn.

SIEBZIG

Ein junger Dichter sagte zur Prinzessin: »Ich liebe dich.« Und die Prinzessin antwortete: »Ich liebe dich auch, mein Kind.«

»Ich bin aber nicht dein Kind. Ich bin ein Mann und ich liebe dich.«

Und sie sprach: »Ich bin die Mutter von Söhnen und Töchtern, und sie sind Väter und Mütter von Söhnen und Töchtern; und einer der Söhne meiner Söhne ist älter als du.«

Der junge Dichter sagte: »Aber ich liebe dich.«

Es dauerte nicht lange, da starb die Prinzessin. Doch bevor ihr letzter Atemzug vom größeren Atem der Erde aufgenommen wurde, sagte sie in ihrer Seele: »Mein geliebter, mein einziger Sohn, mein junger Dichter! Es mag geschehen, dass wir uns eines Tages wieder begegnen. Dann werde ich nicht mehr siebzig sein.«

GOTT FINDEN

Zwei Männer durchwanderten ein Tal, und einer der beiden deutete auf den Berghang und sagte: »Siehst du die Einsiedelei? Da lebt ein Mann, der schon lange abgeschieden von der Welt lebt. Er sucht nur nach Gott und nichts anderes auf dieser Erde.«

Der andere Mann sagte: »Er wird Gott nicht finden, bis er seine Einsiedelei und die Einsamkeit seiner Einsiedelei verlässt und in unsere Welt zurückkehrt, um unsere Freude und unser Leid zu teilen, mit unseren Tänzern beim Hochzeitsfest zu tanzen und mit denen zu weinen, die die Toten in ihren Särgen beklagen.«

Der andere war tief im Herzen überzeugt, doch trotz seiner Überzeugung antwortete er: »Ich stimme allem zu, was du sagtest, doch glaube ich, dass der Einsiedler ein guter Mensch ist. Und es kann nicht sein, dass ein guter Mensch in seiner Abgeschiedenheit besser ist als die scheinbare Herzensgüte vieler Menschen?«

DER FLUSS

Im Tal von Kadischa, durch das ein mächtiger Fluss zieht, trafen sich zwei kleine Bäche und sprachen miteinander.

Ein Bach sagte: »Woher kommst du, mein Freund, und wie erging es dir auf deinem Weg?«

Der andere antwortete: »Mein Weg war sehr beschwerlich. Das Mühlenrad war gebrochen und der Großbauer, der mich sonst von meinem Bett zu seinen Pflanzen leitete, starb. Ich kämpfte dagegen an, im Dreck derer zu versickern, die nichts anderes tun, als sich in Faulheit in der Sonne zu rekeln. Doch wie erging es dir auf deinem Weg, mein Bruder?«

Der andere Bach antwortete: »Mein Weg war ganz anders. Ich kam die Berghänge hinunter, vorbei an duftenden Blumen und scheuen Weiden. Männer und Frauen tranken mit silbernen Bechern aus mir und kleine Kinder planschten mit ihren rosigen Füßen an meinen Ufern. Man lachte über mich und sang süße Lieder. Schade, dass dein Weg nicht ebenso glücklich war.«

In diesem Moment sprach der Fluss mit lauter Stimme und sagte: »Komm herein! Komm herein! Wir fahren zum Meer. Komm herein! Komm herein! Sprich nicht mehr. Schließ dich mir an. Wir fahren zum Meer. Komm herein! Komm herein! In mir vergisst du, was einst geschah, ob traurig oder heiter. Komm herein! Komm herein! Du und ich, wir ziehen gemeinsam weiter, all unsre Wege werden wir vergessen, wenn wir das Herz erreichen, das Herz unserer Mutter, dem Meer.«

DIE BEIDEN JÄGER

An einem Maitag trafen sich Freude und Leid an einem See. Sie grüßten einander, setzten sich ans Ufer des stillen Wassers und unterhielten sich.

Die Freude sprach von der Schönheit, die auf der Erde herrscht, und vom täglichen Wunder des Lebens im Wald und in den Bergen, und von den Liedern, die im Morgenrot und in der Abenddämmerung gesungen werden.

Das Leid stimmte mit allem überein, was die Freude gesagt hatte, denn das Leid kennt den Zauber der Zeit und ihre Schönheit. Das Leid sprach wortgewandt vom Mai auf den Feldern und in den Bergen.

Freude und Leid sprachen lange miteinander und sie waren sich einig über alle Dinge, die sie kannten.

Da erschienen auf der anderen Seite des Sees zwei Jäger. Und als sie über das Wasser schauten, sagte einer von ihnen: »Ich frage mich, wer diese beiden Personen sind?« Und der andere sagte: »Sprichst du von zweien? Ich sehe nur eine.«

Der erste Jäger sagte: »Ja doch, es sind zwei.« Und der zweite sagte: »Ich kann nur eine erkennen, das Spiegelbild im See ist auch nur eine.«

»Nein, es sind zwei«, sagte der erste Jäger, »und auch im Spiegelbild im stillen Wasser sehe ich zwei Personen.«

Doch der zweite Mann sagte abermals: »Ich sehe nur eine.« Und erneut sagte der andere: »Ich aber sehe deutlich derer zwei.«

Bis heute behauptet ein Jäger, dass der andere doppelt sieht, während der andere meint: »Mein Freund ist etwas blind.«

DER ANDERE WANDERER

Einmal traf ich einen anderen Wandersmann. Er war wie ich ein wenig verrückt, und er sagte zu mir:

»Ich bin ein Wanderer. Oft scheint es mir, als wandle ich auf der Erde unter Pygmäen. Und weil mein Kopf siebzig Ellen weiter von der Erde entfernt ist als ihr Kopf, erschafft er höhere und freiere Gedanken.

In Wahrheit aber wandle ich nicht unter den Menschen, sondern über ihnen, und alles, was sie von mir erspähen, sind meine Fußspuren auf ihren weiten Feldern.

Oft hörte ich, wie sie über Form und Größe meiner Fußspuren stritten und sich nicht einigen konnten. Denn manche sagten: ›Das sind die Spuren eines Mammuts, das in der Vergangenheit die Erde durchstreifte.‹ Und andere sagten: ›Nein, es sind Stellen, an denen Meteoriten von fernen Sternen niedergingen.‹

Du aber, mein Freund, du weißt sehr wohl, dass sie nichts anderes sind als die Fußspuren eines Wanderers.«

INHALTSVERZEICHNIS

DER NARR

DER VORBOTE

DER WANDERER